何処にいようと、りぶりあん

田中美津表現集

TANAKA MITSU

田中美津

インパクト出版会

●本書は一九八三年一〇月に社会評論社から刊行された同名書の復刊である。
●当時の言葉で、現在使われない言葉もあるが、著者が亡くなっていること、歴史的著作であることから原書通りにしている。
●明らかな誤植、誤字・脱字は訂正した。なお事件関係者の実名は、すでに刑期を終えていることを配慮し仮名にかえた。

（編集部）

はじめに

先日、一人の友人が亡くなった。

その棺を見送った帰り道、たまたま一緒になったヒトと、夕暮れの町をことば少なく駅へと急いだ。いや、あたしは途中にある八百屋の店先へと急いでいたのだ、あとから思えば。

「巨峰二房六百円」と書かれた値札の前で、「ホラッ、安いでしょう?」。思わずハズんだあたしの声に、店のニイちゃん振り返って「今なら二箱千円でいいよ」

エーッ！　二箱で千円！　巨峰が！　安いッ！　！マークゾロゾロの、大いに上ずった音声が喪服姿の二人の口から洩れた。なんせブドウの王様だからね、巨峰は。普通どんなに安くっても一房五百円はする。それがなんと二房で五百円！　二房で！

包んでもらった巨峰をそれぞれ胸にかかえて、再びことば少なく駅へと急ぐ。横を歩く彼女が、いぶかしげに聞いてきた。

「ミツさん、どうして知ったの?　巨峰が安いって?」

ン？　アレ？　そういえば来る時、あ、安いな、帰りに買おうって目の端で思って……。わッ、やだ、大切な友人失って、悲しみに打ちのめされてるそんな時に、ギャハハハ、安い！帰りに買おう、なんてたとえ一瞬であれ考えたなんて。

なんて奴だ、とその都度思う。にもかかわらず、いつだってフと見れば不謹慎なあたしがそこに居る。困ったことです。

それというのもサマツなことに、すぐ心が乱れる。一方、サマツでないことにも、すぐ心が乱れる。死者をとりまく「運命」という名の〝動かし難い偶然〟の重なり――そのどうしようもなさに心ふさいで……。

意識の裂目が大きいとは、つまりわかりづらい、ヘンな人間だということで。この手合いは、マジメにやっててもどこかいかがわしく見える。いや、他人《ひと》がマジメなヒトだと思ってくれればくれる程、なんとなく自分がいかがわしく思えてくるという、想えば不幸な性分だなぁ。

息子の学校の保護者会であれ、リブの運動であれ、ヒトの多く集まるところはニガ手です。ドアのこちらはみんないいヒト。だから不安で、ひたすらドアの向こうの鬼が恋しい。そのくせ、一人でそのドアをあけるのが怖い、怖かった――。

ジャーの中のゴハン粒のように、人びとが互いにベッタリくっつき合って暮してるような国では、どのような感情も湿気を帯びずにはいない。この国では孤独でさえも生温かい。

この本は、ドアのこちらにも向こうにも行きかねてるくせに、あきらめるということを知らない女の、十年余にわたる右往左往ぶりをまとめたものです。息苦しいから右往左往する。右往左往しつつ、過剰なセンチメンタリズムを少しずつ身から剥がしていったその記録、といったらいいか。

リブ空に浮かんだ一本の竹トンボ、落ちたら、また、飛ばそ。

田中　美津

何処にいようと、りぶりあん

目次

よんどころなく他人《ひと》を語れば

鏡の中のあたし

何処にいようと、りぶりあん

あたしは直感する。スガにとって天皇暗殺計画への参加とは、秋水に対する最大限の愛の表現ではなかったのだろうか。それを言うのは、秋水の心変りは、スガの獄入り以後たまたま起きた気の迷いなどでは決してなく、それ以前のかかわりのいい中で、スガは秋水の中に〈敵としての男一般〉をみていた、とあたしは思うからだ。いい、いい男との関わりほど女を絶望させるものはない。

私服に「しゃくれ女」と嘲けられてカッときて、ためらいもなく、隆鼻手術を受けてしまうようなスガがあたしは好きだ。その手術の結果が思わしくなく、以後後遺症で苦しむハメとなるのだが、他人に率先してドブ板踏みはずす、万事がそんなあたしであれば、スガの中に己れをば見てこの胸を熱くする。

（女にとって子殺しとは何か）

［初出『現代の眼』73年2月号］

自画像

関係をささえるもの

疲れるなあ。だるい。マナコを動かすのさえ億劫で、ああ、欲も得もなく横になっていたい。カーテン重くたらした、昼なお暗い我が四畳半の天井を、見上げるともなしにながめ、と吸い込まれるように眠りに入っていく。一週間のうち二日、いや下手すると三日ばかりも、寝るより楽はなかりけりの日が続く。

俗に聞くところ、〈三十はやり盛り〉とかいうのに、雨露をしのぐだけのものを稼ぎだすので精一杯、そんな余力のあるハズもない。〈当方、事情により完全避妊〉の札ぶらさげながら、中絶の自由を！　ピルの解禁を！　と叫ぶが我身こそ、虚しくもおかしけれ。といっても、男と女のサイコロはいつどこでどんなメがでるかわからない。〈果報は寝て待て〉を心頼みに、今日の生命《いのち》を長らえる。

「お前、まだリブだとかイブだとかいうの、やってんのかい？」とは、我が母の伝えし迷セリフだが、そのリブだとかイブだとかいうのをやり始めたのが七〇年の八月。「エロス解放宣言」と題したビラを、一人でシコシコまくところから、あたしのリブが始まった。問題は、その年の冬の、あのムチャクチャな過ごし方だ。

創世期とかけて混沌と解く。来る日も来る日も会議、ガリ切り、印刷と、めったやたら忙しい中を、話のタネとばかりに訪れてくるヤジ馬の相手をし、そのかたわらでひっきりなしに鳴る電話。場所は本郷、化粧品店の三階の六畳ひと間。本棚、資料、竹竿などが所狭しと置かれたそこに、常時五、六人は立ったり坐ったりしていたんだから、いま想ってもまことに凄まじき風景でありました。

さて、グループの全員が毎晩欠かさず結集し、そして帰宅が深夜に及ぶのくり返しを続けていくうちに、我らがアジトで朝をむかえる者が増えていった。四、五枚の座ブトン以外にはフトンと名のつくものはなく、あったって置き場所に困る狭いアジトでの宿泊、肌寒いぐらいの時はそれでもよかったけれど、真冬を迎えて――。四畳半用のちっぽけな電気ゴタツに、発育のいいの悪いのとりまとめて五、六人が足から腰まで突っ込んで、上半身はオーバーをひっかけて寒さを防いだものの、朝、からだは哀れに冷え切って、頭痛、腰痛を訴えた。

――あの冬のムリが、いま頃になってからだにこたえているのかもしれないなあ……。ふと、そんな風に想ってもみる。が、といって悔いはそこにあるのではない。身を寄せ合ってひと冬を過ごすという、無謀な体験を共に経たのちに、糸を張りすぎた凧がプツンと切れるように、グループの活動から去っていった幾人かの女たち――。もし悔いるとするなら、あたしは己れと、他の女たちの過ぎ去りし日のその若さを悔いるつもりか——。

さて、リブだとかイブだとかいうの、やればやるほど（というほどはやってないが）、わからないことが多くなる。正しくは、わからないということがわかってきたということだが、例えば男と女がいかに家事を分担するか、についてのあれやこれやの詮議。

想うに女だって男だって、趣味としての家事以外は、やらないですむならやらない方がいい。男がイヤなことは、女もイヤ、女がイヤなことは男もイヤが当たり前なのに、男共がその当たり前の事実に気づかない、気づこうとしないことこそが我らが怒りの源泉である時、イヤなことは男女両方共やらなくともすむ方向こそが望ましい。

だが、といって男も女も家事をまったく放棄するという生活も、これまたシンドイし、実利的ではない。一人暮しならいい。が、二人以上の人間とひとつ屋根の下にいる時は、ホドホドに掃除、洗濯をやっていないと、ウーン、なんといったらいいのかな、関係が荒廃してくると思うのだ。

ホレたハレたで目をしばたくヒマもない時ならゴミの山を住処としたってうまくいくけど、二人して海山越えていくうちには、晴れの日もある、曇りもまた——。

目に映る日常の風景をバカにしてはいけない。ただでさえとり散らかった部屋で捜しものをする時の気持。捜さなきゃならないとわかった時にすでにイライラしているのに、見せちゃいけない物置のような部屋での捜索は、イライラを過度に増幅させ、八つ当たりの種となる。つまらないことで同居人と感情を行き違えさせたくなければ、部屋の掃除はホドホドにしておいた方がいい。捜しものも早くみつかるしネ。

あたしたちのコレクティブ（共同体）では、それなりに清潔を心がけ、それなりにおいしいものを食べるのがモットーだ。生活を楽しむために、がその理由。それにピンチな状態になった時、白いシーツが、心のこもった食事が、心の平衡を保つのになんらかの力になってくれると信ずるところのある故だ。家事当番なんて決めない。やりたいヤツがやる。やりたくなくても、やるからには、やりたいことにしてしまおうと自問自答しつつやる時もある。コレクティブの「秩序」は、行きつ戻りつ迷う心の波間に浮かぶ。が、一人の女と一人の男の生活では、「快適な生活」はいかにしてもたらされるのだろうか。あたしにとっては答はひとつ。やりたけりゃ、男なんて気にかけずにやるさ。女がバタバタ気ぜわしく立ち働いているのに、横のものを縦にもしない男なんて、男としてダメなんじゃなくて、人間としてのとても大切なやさしさに欠けているのだから。男だから……、などという理由で情状酌量してなるものか。男だろうと、女だろうとダメはダメ。

私的な人間関係におけるコミュニケーションって、やさしさだ。つまりは女尻目に高楊枝の男に、いつまでもホレているハズもないというコト。ヒトになにかやってあげたいと思う気持も、対男の場合は、かなり不自然な面もあるのだろうけど、女一人がつくられる過程を想えば、それもあれも、己れにとっての不自然という名の自然さと居直って、やりたけりゃやればいい。時には楽しんだり、また時には、やりたい己れに苛立ったりしながら、己れの選んだ家事に、喜怒哀楽を視ていくだけさ。ヒトはいざ知らず——。

……たとえ好きな男とでも、女とでも、他人《ひと》といるってことは疲れるコトだな。望むべくは一人でいる空間と、ホレた男（女）といる空間と、そしてワイワイガヤガヤ過ごす空間の三つが欲しい。というようなコトを四畳半に伏しながら、ヒマにまかせて想ったりしてみるのです。

魂の貧乏人

リブをやり始めてから、そう、一年も経った頃だろうか。あたしは、そういえば、あまり〈女らしさの抑圧〉ってえの、受けてこなかったな、とある日しみじみ気がついた。なにしろトイレで新聞読んでも、「またア、新聞なんか読んで！　読んだら読んだで、チャンと片づけておきなさい！」てな叱責をくらう程度の家にあたしは生まれ育った。

二十一歳から二十五歳ぐらいまで、家業の料理屋といっても、ソバ屋の大きいのに毛のはえた程度のものだが、その手伝いで日をおくっていた。商売するところと寝るところが別になっていたから、だいたい朝の十一時頃、都電で七つばかり離れた「我が家」から、有限会社「魚菊」にやって来る。料理屋っていうのは、朝が忙しい。魚河岸から仕入れてきたヤツの頭を切りエラを落とし、その日の献立の下準備をする。板前さん、板前見習い、父、兄、弟らの男連中が黙々と包丁を動かしているそのさ中に、「今朝もまた、たった一本の〝壁の花〟がまいりました」「〝壁のゾウキン〟みたいな顔して、ナニいいやがる」。五十の終わりにさしかかってから、怒るということがめったになくなった父を相手にフザけていると、「さあ、早くごはん食べて、もうそろそろ八百屋の荷が届く頃だから、見てきてよ」と母の声。

大抵は、両親のどちらかが、〈女らしさ〉のワクに娘を収めようと、あれこれかまうものらしい。が、あたしの場合、父は昔から子どもに無関心で、世間サマに対しての自分のメンツさえある程度守られていればそれで良しとする口で、「適齢期」の娘のトウが日々立っていくことは、彼のメンツを傷つけることにはナゼかならないらしかった。そして母は、といえば、こっちの方はもう娘と似た者同士。お見合いをしての帰り道、こっちがまだなにもいわないうちから、「あたしゃあの男、ドーモ好かないかんじだね、お前、どう思った?」と、心配そうに聞いてきた。

　母は「煮物」を受けもっていて、「煮方」八年（十年だったかな）っていってネ、あたしぐらいの腕があれば、女板前として充分通用するんだよ、という風な自慢をするぐらいだから確かに母の煮物は評判で、なによりも仕事熱心なヒトだった。八つ頭の皮などむきながら、あの客はあたしの煮物が食べたくて来るんだから、気をつけてやらなくちゃ、でも、そういう時に限ってうまくいかないもので……、などと誰にともなくよくつぶやいていた。時に徹夜で煮上げねばならないときなど、手伝う気があったら手伝ってくれ、というだけで強制する気もないらしく、得意のヌタや白あえなど、聞けば教えてくれたが、自ら伝授する気概に欠けていた。

　万事サバサバした母子であった。幼い頃から、母から受けるまなざしのいくらかは他人のそれであり、よそんちの母親と較べて、寂しい想いをしたことも二度や三度ではなかったが、といって、家に働きに来る女たちに、母の冷たさを同情されると、それも解せないあたしであった。我が娘を他人のまなざしで喝破する母の、我が夫に対する対応もやはりクールなもので、父にはそれが時にはガマンならなくなるらしく、コレといった原因もないのに暴力沙汰はしょっちゅうの二人であった。

　――個人史という名の万華鏡、気分によって、さまざまな己れが見えては消えて、消えては見えて。時には〈女らしさの抑圧〉も自己抑圧だったかのように思えたり。つまり、「男は女らしい女が好きなんだ」と固く思い込んでいて、男のその一般的好みに合った己れに化けようと四苦八苦。が、だいたいいわゆる〈女らしさ〉なるものに疑問を持っていたんだから、常に化けそこなうは必至で、女らしさと人間らしさを重ねて視ていたその目線をたどっていけば、野放図に育てられた過去と、喜怒哀楽の四文字をまさに体現して生きる母がいた。あたしの場合、女の生き方に対する確信が、意識化し得ないままにあったからこそ、余計にシンドかったといえる。なにしろこの世の中、吸う空気吐く空気に女らしさの抑圧が溶け込んでいる風で、女自身己れの傷口をパックリあけたまま、痛いとも思わず生きているのが普通だ。そんな中でなまじ痛みを感じたが最後、他の女と違う己れに恐怖して、だが存在の本音はごまかせず、頭はあっちでからだはこっち的な、どうにも収拾のとれない女の冥府に追い込まれる。

——話はポンと飛ぶが、かつてあたしはヒドいセンスの持主で、着ない前からブザマさがわかるような服を、よく買い込んだものだった。今でも決してハイ・センスではないけれど、それにしてもあの頃はひどかった。色の組み合わせが全然わからなくって、イソイソ買ってきて、イザ着ようと思うと、それに合うスカートやセーターがなくって、タンスが閉まらなくなっても着る服がなかった。

〈金持ちケンカせず〉というが、〈魂の貧乏人〉は、落ち着いて、バランスよく己れを選ぶこともできず、だからいつもセンスが悪くって、金を使って自己嫌悪を深めていく。〈魂の金持ち〉っていうのは、プチブル女の場合、つまるところ〈女であること〉と〈人間であること〉との亀裂をそれほど深く感ぜずに生きられるヒトだとあたしは思う。そういうヒトは、己れを美しく装わせるための、金の使い方、かけ方がうまい。つまりハイ・センスになろうとしたら金だけあってもまたダメで、〈魂の金持ち〉にならねば、男は振り返らない。むろん、この世が世である以上、美も金次第で、プレタポルテを普段着にできるようなら、ある程度はセンスの良さを装うことはできるが、しかし馬脚は隠せない。心の飢餓を金で埋め尽くすことは、土台ムリというものなのだ。

さて街で、背の低さをより目だたせる高い靴、これが今年の流行デスと但し書きをつけてるかのような服に身をくるんだ、ない金をはたいて精一杯こんな程度といったかんじの女に会うと、あたしの胸は熱くなる。いとしさがあふれる。反対に、すべてホドよくチンマリまとまってる女をみると怒髪天。階級的？　憎悪とやらが高まるのだ。

芸術家って派手なドキッとするような色合いのシャツなどをうまく着こなしているよね。〈魂の金持ち〉には、しょせんああいった、生きる喜びを奔流させたような装いはできない。貴族趣味の女と別れる際、ピカソがいったそうな。芸術家は〈魂の貧乏人〉でなければならないって――。

シラける話

生まれ落ちた時、あたしは全身が紫色だったそうだ。ウンともスンともいわない紫色の小さな肉塊をまえにして、医者は、かなり熱めのお湯と、氷を浮かべた冷水を用意させ、そこにその肉塊をばチャンポン、チャンポン漬けこんだ。氷を浮かべた方に入れると、かすかに「ウッ」とうめいたとかで、それがこの世に放った第一声――。

物心つくやつかぬ頃から何回となく聞かされ続けてきた我が出生のヒミツ。世間にはザラにある話かもしれないが、死んで産まれた当人には、ヒト並みでない数奇な人生の幕あけにも想えて、もしや、もしやとそれなりの期待も抱いたが、はや三十路、ドラマチックな恋のひとつも味わうことなく、平々凡々と暮れかかりつつある。

が、この頃になって気がついたことがある。人生を祭のように生きたい、とフランソワーズ・サガンはいったそうだが、あたしにとって人生とはいつも半分ぐらい悪い冗談で成り立っているようなところがあって、その不謹慎な志向は、もしかしたら産まれつつ死にぞこなったという皮肉がうみだしたものではなかろうかと……。

自分の出番を終えて、一服つけつつ他の役者の演技を魅入っているかんじで、あたしはあたしとつきあってきたようだ。

もっとも大抵のヒトは、それと似たりよったりのかんじで、生きてるようだが、つらつら想うに、あたしはその傾向がかなり強い方ではなかろうか。罵倒・嘲笑どこ吹く風よ、ひたすら闘う北ヴェトナム風に雄々しく？　リブの旗ヒラヒラさせていられるのも、舞台に上がっているのも自分、その舞台をみているのも自分のせいだ。

ウソをウソと知っている時は、とても自分が〈真実〉に近くって、逆にいかにも正義、いかにも誠実を堂々正面に押し出しての世渡りは、我ながらウサン臭くって、やらない前から羞恥が先立つ。リブなる運動をウソッパチでやってるわけでは決してないけれど、ひたすらガンバっているようにみせるのっておもしろい、という位には醒めている。おもしろいと思う気持の分だけ、運動との間にすきまがあって、そのせいか外の風も適当に入ってくるのが具合よい。

かつて醒めているということが、なにかいけないコトでもあるかのように思い込んでいた時期があった。いや思い込まされた、というべきか。新左翼の仲間入りをしたら、フンサイとかセンメツとかカンテツとかの滅法勇ましいことばが飛び交っていて、まさか悪い冗談でいっているのだろうと思ったら、ヘルメットの下の目がひきつっていたり、マレにセクトの機関紙をめくってみれば、なにをやっても勝利、勝利、大勝利で、勝利の二字をひきだすためにソーカツするのがセクトなんだといつか悟った。

シラけるということばが流行しているわりには、シラけてないのがこの世で、例の美空ひばりの事件——暴力団員であるとかいう弟をかばって「世論」の怒りを買い、公演会場という会場から締めだされたというあの事件のことだが、遂にひばりが折れて弟を舞台からひっこめることでチョンになったらしいが、その経過たるやシラケからはほど遠いものだった。

大新聞が、紙面を大きくさいて報道し、週刊誌がここぞとばかり書きたてていた頃、あたしのところにも電話のインタビューが舞い込んできた。最初にかかってきた時は、「美空ひばりは嫌いだ」というヒト専門のインタビューとかで、「ああ、それならダメですよ。あたしは好きでも嫌いでもないもの。無関心です」と断わった。相手もあっさり納得したのでヤレヤレと思った。そのあと、その取材をしてるのが光文社闘争を担っているメンバーだと風の便りに聞いた。それなら無理しても答えなきゃわるかったかな……。そしたら同じヒトから二度目の電話。今度は、好きでも嫌いでも自由にいって下さい、ということ。「ウーン、好きでも嫌いでもありません。無関心なんです」と前回同様に述べながら、これじゃいくらなんでもそっけない、光文社闘争、光文社闘争と念じていたら、「あッ、歌が好きです！」。お役に立てるうれしさで、ホッとしながらあたしは叫んだ。

そんなことがあったせいか、美空ひばりに関する記事が自然と目にとびこんできた。「美空ひばりのここが嫌い！」というタイトルの週刊誌の特集記事を読んだ。オドロいた。十人十色の発言ながら、その一人ひとりの断固たる見解に、今さらながらこの世にはよくモノの解ったヒトのいることよ、の感を深くしたのであった。なんていうのかな、社会的な角度からみた美空ひばり批判とでもいったらいいのだろうか。その多くは暴力団締め出しに立ち上がった「世論」なるものの側についての批判であった。

それに引きかえあたしときたら、一度は美空ひばりになってみたかった、紅白歌合戦の時、ゴテゴテしたひどい衣裳を着てでたけど、彼女のそんなみっともなさって好きですね、というまったくシマラない没社会的意見。正直に答えたらそうなった。大体が「世論」なるものに不信がある。公共施設なるものにはそれなりの怨みがある。そしてまた、ヤクザがいるからこの世は闇だとも想えない。〈悪い奴ほどよく眠る〉で、本当のワルは、警察とヤクザと世論とマスコミの四つ巴の騒ぎから遠く離れて高イビキではないのか？　その疑問の上に、ひばりの歌に全身全霊をあげて聞きほれたかつての己れがダブってみえれば、絶句以外のことばはない。それなのに、ムリヤリ好きか嫌いかいおうとするなら、わかったようなわからないような空として漠たる意見と相成るのだ。

〃識者の意見〃なるものを読んでいつも感心するのは、その反応のす早さだ。想うに、自分がひとことと述べねば大衆は道を誤るに違いない、と真底思い込んでいる御仁がこの世にはいるらしい。その緊張感が、彼らをして〃識者〃にならしめるのだ。左翼のいうところの〈前衛と大衆〉というとらえ方の中にも、そのエライ人の存在がチラついて思わず首などすくめてるのだ。

モノのよくわかった人びとがこの世をつくっているとも想えないけど、しかし万が一革命の暁に最後まであっちにもこっちにも立ちかねて、右往左往しているうちに反革命のラク印押されてやむを得ず白軍に身を投じる、なんてことが起きない保証は、あたしに関してはないようだ。マジメに、余裕をもって、柔軟に考えれば考える程そうなりそうで、醒めた気分で、原稿のマス目などうずめているのデス。

ハンサム怖い

一五〇センチあるかなしかの背丈。去年あたりからやせはじめ、現在四十キロを維持するのがやっと。こけた頰に較べて目鼻立ちはもとのままだから、白目がちなまばたきの少ない目と、横坐りした鼻の大きさばかりが目立って、他人《ひと》呼んで「バングラディシュ」。「お前も小さい時は、結構見られる子だったんだけどねェ……」。一緒に住んでいた当座、母親から何回となく聞かされたセリフ。……そういえばご幼少の頃は、混血みたいだ、なあんていわれたこともあったっけ。

あれはいくつ位の頃だったかな、場所は確か吉祥寺の境内。吉祥寺というのは、例の〈八百屋お七の吉祥寺〉で、家を焼かれたお七一家が仮りの宿を求めて疎開した寺だ。お七はここで吉三という寺小姓に会って、のちに吉三恋しやの一念で火つけの大罪を犯すに至る。火事さえ起きれば、再び吉祥寺に疎開できる、いとしい吉三にめぐり会える、と思いつめたお七の直線思考――。一途だといえばそうだけれど、武家の娘ならいざ知らず、町の、八百屋の娘が、当時といえどもそんなに自由を奪われていたのだろうか。火の見櫓に登って警鐘を叩いているお七狂乱の図をみたことがある。なぜか大振袖にだらりの帯を締めていて、八百屋の娘がねえ……、と幼いあたしは疑惑を深めたものだ。吉祥寺と目と鼻の先の魚屋の娘として生まれたあたしとしては、しごく当然の疑惑であった。女同士すれ違うときの、あの鋭い一瞥――相手の着ているものをすす早く吟味し合うその習性を、あたしは早くから身につけていたと思われる。

その「オマセさん」がある日、吉祥寺の境内で椎の実を拾っていた時のことだ。あたしを含む女の子三人と男の子二人ほどが一団となって、ひとかかえもある椎の木の囲りをとりまいていた。と、そこに見知らぬ男が割り込んできた。脇に本をかかえていたからいま思えばたぶん学生。その男曰く、ドングリがたくさん落ちている場所を知っている、この中の一人だけを連れてってあげよう、ジャンケンをしてごらん。思いがけない幸運に子どもたちは歓喜した。デモ、どうして一人だけなの、みんな連れてってヨ。だが男は一人だけ、を譲らない。じゃあしょうがない、ジャンケンポン。

誰が勝ったか記憶にない。ただあたしが負けたことだけは確かで、にもかかわらず男は、やあ、この子だね、勝ったのは、といってあたしを指さした。

エッ、あたし？　あたし負けたんだよ。思いがけないご指名に、ドギマギしながら、あたしは答えた。男はニヤニヤとあいまいに笑いつつ、あたしに、あたしだけにドングリのありかを教えてやる、とくり返すのだ。ちょっとした混乱ののちに、あたしはその男に手を引かれて、境内から墓地の奥へと――。

そのあとのことは、もう記すまでもあるまい。枯草の上に寝かされながら、なんでこんなコトがおもしろいんだろうか、これが終わったらドングリのある場所を本当に教えてくれるかしら、もしかしたら、このオジさん、最初から騙す気だったのかなあ――。初冬の柔らかな日射しの中で引き起こされたアクシデントに、ものうい想いをめぐらせながら、結局のところ〈選ばれた女〉の満足感で、男のなすがままに時は流れた。そのあと男と墓地のあちこちを歩きまわった。むろんドングリは手に入らず仕舞だったが、罪の発覚を恐れて、あたしのご機嫌をなんとかとり結ぼうとする男の努力が心地よくって、幼い女心は充分に満たされたのだった。

――それにしても、あたしはずいぶんとしたたかな「オマセさん」だったんだなあ。それに醒めてもいたな。その頃すでに何べんか味わっていた、店の従業員との情事。それとこの昼下がりの情事とを比較しながら、この男ずい分オドオドしてるなあ、なんて見るべきところは見ていたのだから。

今年の一月一日「連赤」の森被告が自殺した時、「コノヨデハナニゴトモオコリウル」と永田被告に打電したあたし。想えば、その醒めた認識は七、八歳の小娘の時に、すでにあたしが身につけていたものだったのか――。

幼い頃はかくの如くモテたのに、黒曜石を想わせるその瞳も、顔の造作が間のびするにつれ、なぜか白目がちとなり、今じゃブスといわれても動じない、年期の入ったブスとなる。とかいう裏で、真底自分をブスだなんて思っていたら、誰がブスブスと口になどするかよーッとうそぶいてもみる（街でね、ビラをまくと、美人とブスは受けとらないんだよ、まず。美人はツィと身をそらして昂然と通りすぎ、ブスは、あたしに近寄らないで！　ってかんじで身を強ばらせて迂回していく——。なぜリブなのか、なぜブスなのか）。

ところで、どういうわけか、背が高くて、ハンサムな男というのはあたしはニガ手で、会うのがイヤなあまり、会わない前から動悸が高まる。他人《ひと》と初めて会う場合、電話で時間や場所を打ち合わせするのが普通だが、その電話の声が、一聞ハンサムそうなかんじがするだけで、あたしはビビる。名前がいかにもハンサムそうな場合も、いやな予感——。そう、あたしは背の高いハンサムが〈怖い〉のだ。事前に〈敵〉を察知した場合は、たいてい加勢を頼むことにしている。ねえ、いいじゃない、一緒に行ってよ、ねえ。ところがある時、結局ミッちゃんは引き立て役が欲しいんでしょう？　と拒絶された。

あらぬ疑いをかけられて、しばし沈思黙考——。ああ〈ハンサム怖い〉の原因はこれだったのか。〈ハンサム怖い〉といっても、よくよく窺えばハンサム一般が怖いのではなく、肌浅黒く、目も唇も濡れたかんじの、骨格が確かで背の高い男が怖いのだ。前述した従業員が、そういったタイプの男で、したたかの裏に刻み込んだ傷跡は存外と深いんだなあ……。

男との情事それ自体は充分胸がときめき、身を熱くしたあたしだったが、その楽しさを母親に告げた時から、事態は急変——。大人たちは上や下への大騒ぎ、男とその父親が呼ばれ、純な幼女を毒牙にかけた罪が糾弾され、が結局のところただそれだけよ。ひとしきり風が吹きまくったあとは、男はまた元の屈託のない日々に立ち帰り、そしてあたしは……。

汚れちまった悲しみ、なんぞであるものか。汚されっぱなしの悲しみで、おカアさーんの声も嗚咽で震えるよ。……それにしても〈ハンサム怖い〉なんて〈マンジュウ怖い〉より始末に悪いな。

三十歳になりました

いま想えば、誠に笑止千万なことなのだけれど、リブをやり始めてからしばらくの間、あたしはひとつ歳をサバよんでいた。ホントは二十七だったのに、二十六歳だと偽っていたのだ。

そもそものきっかけは、なんということはない、万事いいかげんな週刊誌が、ヒトの歳をなぜかひとつ少なく記したことに起因する。ひとつでも若く見られたことが、こころ密かにうれしくって、そのまま押し通したのはいいけれど、もしパクられたら、ウソの歳がバレる！　ウソと知りつつウソをつくのも楽じゃなかった。

しかも、その当座、足が短いからズボンは絶対似合わない、と固く思い込んでいて、いつもミニスカート。化粧も以前と変わらずやっていた。リブを名乗ったからって、そうそう簡単に矛盾が止揚されてたまるか！　と誰へともなく息まく気持がウズを巻いていた。

忘れもしない、当初、居を構えた本郷の事務所、といっても台所、トイレ付きの六畳ひと間に、ある日ヒョッコリ中尾ハジメさんが見えた。近くまで来たから、といっていたから、東大のどこかに用事があったのかもしれない。

知るヒトぞ知る、背あくまで高い、白皙の美男子が、その日、なんとゴム長靴を履いて出現、アレアレと驚いた。そして曰く、ブラジャーなんてとりなよ、第一窮屈じゃないの。

まさかブラのことだけが話題に上がったわけでもあるまいに、ナゼか、彼が口にしたことばの、この部分ばかりが記憶に鮮明で、これはきっと、こんな美男子に、ブラジャーどころか化粧もとれない醜女のあがきがわかってたまるか、の反発を抱いたせいに違いない。腐っても鯛、長靴をはいても美男子は美男子じゃないか！　頭では納得できるノーブラ提唱も、二重にも三重にも屈折した心には遠くって、結局のところ、ブラを、化粧をとることが、あたしの自然であるならば、己れ自身でありたいと願うその自己執着が、いつかあたしに自然をもたらすに違いない。年齢さえ偽っているブザマな我が身を、息をひそめて凝視した果ての、それが結論だった――。

すこし前の『朝日新聞』に、捕鯨船に同乗してのルポが載っていた。鯨というのは、バクゼンと海を睨んでいたって、発見できるものではないのだそうだ。一にも二にも、捕えようとする意志、その熱意が、波間を透視させ、鯨の群れを発見させるのだという。

フーン。コンタクトレンズを捜すときと同じだな。きっと出てくる、上から落としたものは下に落ちるのが不変の法則、相手は形あるものゾ、根性あるのみ、と、まずお題目を唱えてヤル気を起こすわけだが、ナゼか遂に行方知れずの場合が多々あって精神一到なにごとか成らざらんも、限度ってものがあるようだ。

第一回のリブ合宿を信州で催した際、山の頂でロック集会を開いた。にわか雨のパラつく中を強行した甲斐あって、最後にノリにノって、ヌードで踊り狂うものが続出。あたしなんぞは、いつの場合もフンギリが悪くって、上半身だけ裸になって、輪の隅っこの方で、それでも嬉々としながら踊ったっけ。

英語のわかるものに聞くとロックの歌詞って、ずいぶんと性差別に満ちているらしい。しかし、聞いたことはあっても、そのリズムにからだを叩き込んだことの一度もない女にとっては、まず手足を動かしてみることが肝心だ。ロックの歌詞を解読することより、ロックって、ミーハーが好くものと決め込んで、孤高を己れに強いてる、その無意識という意識を解き放してみることこそが。——そのための山頂ロックでありました。

かつて、週一回お茶の稽古に通う以外は、コレといった予定もなく、親の家で漫然と家事を手伝っていたあたしは、こうしちゃいられないの強迫観念に圧迫されつつ生きていた。なにがどう、こうしちゃいられないのかは、トンとハッキリしなかったが、いつももっとやりたいコトがどこかにあるように思えて、山の彼方の幸いを心虚ろに思い描いてはため息をついていた。

それが今では、人生にはやりたいコトなんてホンのわずかで、やらねばならないコトばかりが山積みだと悟ったが、その心境はやりたいコトをほぼやってる現在があって飛びだすグチでもある。千里の道も一歩から——。あの名もなきハゲ山の頂で、初めてロックなるものを踊った夜こそなつかしや。以来、くるぶしまであるロングスカートを人目を気にせずはけるようになって、わからない英語の意味を平気で聞き返せるようになって、百グラム八十円のひき肉を、五十グラムくださいといえるようになって、歌いたかったら街中でも、機動隊の前でも気兼ねなくガナれて……、今まで恥ずかしかったアレコレが平気になって、平気だったアレコレに羞恥して、痛かったら痛い！　腹が立ったらコンチキショウ！　心ときめいたら、あなた好きよ、と、最後のセリフは、いまだなかなか素直に口からでないけれど、とにもかくにも手足がむやみにギクシャクしたりせず、声が変にうわずったり、理由もなしに涙ぐんだりしないってことは、なんていいことなんだろうか。

あたしは親から乳離れするのが遅くって、二十五歳のとき、初めて自立への旅立ちをもったのだけれど、その時の一番の心配は食いっぱぐれやしないかということだった。ところがなんとこの世は、資生堂の化粧品がなくとも生きていかれたし、普通に食べてりゃ、そうそう栄養失調になるものでもなく、電話代を滞納したところで、地球は回る。金がある時におごるのも、ない時におごってもらうのも、共に人間関係の喜びであれば、遂に一万でも十万でも、あるだけの金で気ままに暮す自由を会得した。といっても、あたしの場合、コレクティブと呼ばれる女だけの共同体（そのうちに、男と一緒のコレクティブに変身するゾ！）を組んで、生活上の自己防衛を図った上での気ままさであった。

――ふと、ある日気づく。口から吐くことばのひとつひとつがレンガとなって、あたしの回りに縁《へり》を築いてしまうのを。馬齢を重ねるごとに、男、女、大人、子どもの別なく、他者と関わり合うのが怖くなる。怖くなるものなのだろうか。人間関係って、遠くにありて思うもの、それでいいよ、いいよといい聞かせつつ、後ずさりする己れに苛立って……。この五月で齢三十。サバはよんでいない。

快／不快

あたしは大体がいい女ぶりたい方で、だからたまに講演など頼まれると、バカっ調子に乗ってホイホイ行く。

先々月、あたしは富山大の学園祭に呼ばれた。富山大というのは国立の二期校だそうで、いわば地方の名門校。というようなことはこの際どうでもいいことで、八時間ほどの長旅を経て、この学生寮にヨッコラヨッコラたどりついたと思し召せ。鉄筋四階建ての真新しいそこは、女子寮と男子寮に別れていて、偶然開いていたドアから中の様子を垣間見たら、八畳ぐらいの板の間にベッドがふたつ、左右対称に取り付けてあって、その前には学習机がこれまた左右対称に置かれており、窓にはレースのカーテンが。へェ、学生寮って案外きれいなんだなあ。と感心したのも束の間、案内された女性史研の部屋の、まあなんという汚なさ。

入口のすぐ脇に置いてある、ゴミ箱代りのダンボールからはあふれた紙クズが飛び散らかり、食べカスがこびりついているドンブリ、おしゃもじ、フォーク、箸、コップ、ホコリまみれのアイロン、少女マンガ七、八冊、ビラ、新聞の類が八畳の畳一面に散乱。テレビの上には、十数本のコーラ瓶が乱立して、中の一本には飲みかけの牛乳が白く濁って入ったまま。そしてガマン会でもする気だろうか、フトンのかかった電気ゴタツが、部屋の中央に見るも暑苦しく置かれてあった。が痛ましいのは部屋の散らかり具合ではない。哀れ、夜中の二時すぎに、一人ホーキを握らねばならなかった我が運命こそが――。ホント、いい女ぶるどころの話じゃない。裏日本の夜は奈落の暗さ、ホーキが、ご丁寧にも二本、それに一組の夜具と共に残されて、思わず我と我が身を抱きしめた。怒りと哀しみをあきらめが中和して、異国の夜がふけていく——。

次の日、なぜシンポジウムの講師を急遽断わる気になったかを参加者に伝えて、あたしは帰京の途についた。「個としての男、個としての女、そのコミュニケーションについて」というのがその日のテーマだったらしいが、あの娘たち、男とどんな風にコミュニケートしてるのかなあ……。車中にて、ボンヤリそんなことを考えていたら古傷が想い出された。

いつだったか、同じグループの女が一人、あたしのアパートに泊まっていったことがある。翌日、あたしは朝早く用事で出て、夜の十二時過ぎに帰ってみたら、空の牛乳瓶とパン袋が部屋の中に転がっていた。目にした瞬間、ひどく無残な感じで、しばし立ちすくんでしまったっけ。むろんいたらなさはお互いさまで、とやかくいえた義理ではないが、それにしても腹が立つ。今の若いモンは、「しつけ」がなってないな、親の顔見たいもんだ。しかしよくよく考えるに問題はいわゆる「しつけ」にあるのではなく、快／不快に対する感覚の鈍化にこそあるように思えてならない。

コレクティブ（共同体）の女たちの中に、極端に家事が下手なのがいる。裏生地付きのスカートを洗濯機で洗って、見る影もなくほつれさせてしまったり、モヤシ入りのオジヤみたいなチャーハンをつくったり。むろん下手には下手の理由があって、女の子なんだからという理由で強制されてきた家事であれば、下手でも当然ともいえる。ものごとイヤイヤやっているうちは上達しないが当たり前。が、〈己れは己れ〉の感覚がだんだんつかめてくる過程はまた、ものごとを自分で「選択」するということの手応えを知っていく過程でもあって、コレクティブも三年目を迎えると、やりたければやる、やりたくなければやらない家事のスタイルが、女たちの日常に根をおろす。その日々の中で気がついたことは、いわゆる「しつけ」の延長として、白い物と色物を一緒に洗ってはダメよ、なにをどう調理したらおいしく出来上がるか、出来上がりをイメージしながらつくらなければダメよ、と口やかましくいいたてても、効果のほどは薄いということ。といってむろん故意に賞めあげオダてあげてガンバらせるという方法は、およそヒトをバカにしたやり方で、想うに食べること・着ること・キレイな部屋で過ごすことｅｔｃが生きる喜びとして実感されなければ、そのやり方にどんなスタイルをとろうとも（たとえ家事の社会化なるものがなされようとも）、家事からの解放は本質的にあり得ないのではなかろうか。

さて話をコミュニケーションの問題につなげていけば、最初はいかにもやってあげる風にギクシャクからだを動かしていたものが、やりたいからやる家事に変化していく中で、コレクティブの女たちはコミュニケートってものを理屈でなく知っていったように思えるのです。誰かのことばを借りれば、コミュニケーションの根底は関わりの非ことば的部分が支えてるんだということに気づいたわけです。「タオルとってェ」と怒鳴ったら、ホイきたと身軽に立ち上がって差し出してくれる、そんな風なお互いなに気ない一挙一動が、ヒトとヒトとの関わりのとても大切な部分を形づくっている。ということはまた、「家族帝国主義」がナゼかくも堅固かということの答のある部分を、あたしたちはコレクティブを通じて知っていったということ——。母なるヒトの罪深さは、「タオル！」と怒鳴れば「ハイ！」と差し出すその手を通じて、夫や子の首に、理屈では絶対に切れぬ枷をはめる、そこにこそあるのだ。

家族が核家族化していった過程は、企業の生産性の論理に生活ぐるみ家族ぐるみとりこまれていった過程であり、その裏でウバ捨てが隠微に進行していった過程でもある。

勉強不足なもんで、うまくいえないけれど、「家族」の形態が核家族化していく中で、ヒトは人間関係を形づくる方法を見失ってしまったように思えてならない。コレクティブでもそうだけれど、あまりその日常が煩雑だったり、忙しかったりすると、自分のシンドさを日々やり繰るのが精一杯で、他人のことなど踏んづけたって、痛いといわれなければ気づかなくなる。また、時間に追われて食べる食事は、生きる喜びのなんたるかを見失わせる。

生活文化とでもいうのだろうか、家事を通じて快／不快に対するデリケートな感性を養ったり、ヒトとヒトの間を濃やかに結んでいったり、とかいうことは本来老いた者から、若き者へ伝えられて来た、それは生きる知恵ともいうべきものではなかったのだろうか。

［初出『思想の科学』73年4～9月号］

沖縄のおんなたち

娼婦をやること

沖縄にはタケとスガがいる。もと一緒にコレクティブ（女だけの共同体）を組んでたメンバーで、今年の二月、沖縄に渡った。スガはなんと、臨月の腹をかかえて旅立った。それ以後の手紙に依れば、タケは沖縄人の子をみごもり、スガは黒人と同棲しているハズだった。ところはコザ。一ヵ月程まえに来た手紙の住所を頼りに、コザは照屋地区をたずね歩いた。

あとから知ったことだが、照屋地区には、黒人が固まって住んでおり、彼らを客とするAサインバーが立ち並んでいる。そういえば道をたずね歩いている際にも派手なシャツを着た彼らによく出会った。縮れっ毛の子どももそこかしこで見た。さておよそ二時間余、あちこち歩き回ったが見つからない。訊く人に依って別々なことを教えるし、荷物は重くなってくるし、日は暮れてくるしで、もうなんだか無性に腹が立ってきた。もし彼らに会えなければ、沖縄に来た目的のそのほとんどが失われる。

さあて、どうしたものかと、思案鳩首していたら、芝居の筋書きみたいに親切な叔父さんが登場して来た。救われた。タケとスガはすでに引っ越していたが、新しい住所を知ってる人をたずね当てることができた。その人は、なんとブタ小屋の前の貸家に住んでいた。タケたちが「経理」と呼ぶその女は、三十七歳、色が浅黒いというのかドス黒いというか、しかもかなりひどいアバタで、そのせいかどうか知らないが、顔の表面がテカテカ光ってみえる。大変バイタリティに富んだ面魂の持主で、顔の迫力に負けぬ略歴を持っていた。

もともとは本土の人間で、若い時騙されてパンパンに売り飛ばされ、二十歳で黒人兵と結婚、一児をもうける。その間、日本各地の基地はもとより、カリフォルニア、カナダ等、職業軍人だった夫につき添って転々。そして昨年離婚、今は二十五歳の若い黒人兵のハーニーをしている。一人娘は小学校三年で、これが親に似ても似つかぬ器量好し。こういうのをトンビがタカを産むっていうらしいが、一プラス一はマレには三になるらしい。タケたちはこの女と、照屋のAサインバーで働いている際知り合った。同じ本土出身ということで親しくなったものらしい。

彼女の話はおもしろい。特に黒人の男に関しての主張は。それは、黒人の男にホレる女はバカだ、ということに尽きる。女からホレた場合彼らは一銭も金をくれない。ホレた態度をみせたら最後、彼らは執拗につきまとって金とからだを要求し、殺してでも連れていくとか。殺すとは、沖縄方言でいうところのクルスンド（叩く）ということらしい。

黒人の男はこと女と音楽（ジャズ、ロック）に関してはバツグンの才能があるらしい。才能とは資質であると共に努力だ。女を、モノにするまでは、手練手管の限りを尽くすが、一度寝て、しかも女が従順な風をみせたら最後、「son of bitch」（あの淫売）とバカにするんだそうだ。彼らはモノにするのに金のかからない大学生を狙いたがり、そのことに関わりがあるかどうかはわからないが、Ａサインバーには結構、大学卒や中退の若い女が多いという。

「とにかくこんな毛唐に魂こめられるか。金でもバチあげなけりゃ、腹の虫おさまらんよ」。「経理」は、自分は一度もホレたことがない、ホレたら弱気になって女はバカをみる、と明快にいい切った。何度かそういう話を聞いてるうち、男にホレない、というのは娼婦の誇りなんだと気づいた。彼女は不感性で「あんなの、男が上になったり、下になったりしているだけさね」とコトもなげにいい放った。

彼女の現在の男というのは、前述したように二十五歳の、スラッと足の長いなかなかハンサムな男で、大変嫉妬深いことと、性病持ちであることを除けば金もキチンキチンと入れるし、まあまあましな男の部類に入るらしい。

タケに聞いたら、男の性器から時々膿がでるとかで、彼女自身は子どもを持とうと思わないから、どんな病気にかかっていようとあたし一代限りのことだ、と凄絶に開き直っているという。「経理」はハーニー暮しの今でも、夜はＡサインバーに勤めており、結構モテているという話で、黒人が好きなタイプは、腰のガッシリした、エネルギッシュな女だというのは本当らしい。

さて、ゲート通りに近いＡサインバーで、タケはなんと、オカッパ頭にメガネをかけて、カウンターの中でコーラを注いでいた。どこにいてもタケはタケ、あいかわらずのそのかんじに、なつかしさが胸にあふれた。スガはといえば、アフロアメリカンとかいう、アンジェラ・デイビィス風の、鳥の巣みたいなヘアースタイルで、お客の相手そっちのけでゴーゴーを踊っていた。去年の夏、長野県で開いたリブ合宿の際、目だつ腹をかかえて我れ先にと踊り、どんな子が産まれてくるやら、と週刊誌に書かれたスガ。

内心二人の〝変身〟ぶりが気がかりだったが、そもそも考えてみれば器用に変身できる質の人間ならば、沖縄くんだりまで来てAサインバーのホステスをする訳もない話なのだ。他人サマのどのような解釈も拒絶して、沖縄の地にテッテー的に沈澱しきろうとする、その彼女らの試行錯誤の中にいまのこの世に可能な限りの誠実さをもって生きようとする者の、その心意気をこそあたしは視た。

「ここにおいて、私は、今回の調査から抜粋した言葉から、つぎの二つに注目したい。

『私はいまこの仕事（売春）を、はっきり職業だと思っています。一生やれるものなら一生やるつもりです』

この言葉には、あきらかに新しい視点があり、意思がある。もちろん、危険はあるにしても、もしその射程が遠くおよぼされるなら、抵抗の核になるだろう」

これは売春婦問題を特集した『潮』六月号における某大学教授の論文からの引用だ。なにも注釈はつけまい。妻という名の専用売春婦を抱き、知識を切り売りしてる、その自己の売春（夫）ぶりを問わずして、こういう世迷い言をいっていられる人の、その恥知らずに、今さら何をかいおうゾ。ついでだから、こういう大学教授のもとで学ぶ、不幸な学生の、その己れの不幸さにトント気づかない姿も合わせ紹介しておこう。

「沖縄の娼婦たちに自分をつなげていくということは、私(たち)がまさに反体制概念としての『娼婦』になっていくことであって、決してその逆ではない」(『京大新聞』売春防止法批判、新たな女性解放の地平に向けて——すべての女を「娼婦」に)。反体制概念とは、今や公認された正義である以上、我らがラジカルはその醜悪な事実に斬り込む中でしか甦りはしない。

娼婦をマリヤとして崇める者も、革命の側に寝取ろうとする者も五十歩百歩。

「つまであるミチ子が自分の眼の前で十五、六人の我々に手と足をつかまり、かわるがわる暴行をうけたら、ミチ子の主人は、この様な気持をするだろう。本当に戦争はいやになり、又我々沖縄人や朝鮮人、アジア人民の気持がわかると思います。人間は他人の苦しい事は、話だけではわかりません。事実自分であじわい、その後でなければ他人の苦しい事をあじわう事が出来ません。(中略)だがその事が実現し又出来るとした場合、本当に私はするかがギ問です。もしミチ子さんが皆に手足をつかまり、ひめいをあげた時、私はとめに入ると思います」

彼、富村順一は叫ぶ。〝天皇裕仁を絞首刑にせよ〟〝美智子も売春婦になってその罪をつぐなえ〟と——。美智子云々のことばは以前そのことばだけを耳にした時、あたしは、彼が娼婦という存在に対して己れをどこに置くかを、知りたかった。そして彼の手記を読んで知った。その時以来、「ミチ子が皆に手足をつかまり、ひめいをあげた時、私はとめに入ると思います」という彼のことばが、焼ゴテとなって、あたしを内側から圧し続ける。

美智子は美智子のままで娼婦だ。むろん美智子だけではない。肉体を売るのも、才能を売るのも、家柄を売るのも、売るに変わりはなく、この世に生きようとしたら、男はなべてオカマであり、女はなべて娼婦だ。それは、己れをもってこの世の人間存在の本質に迫ろうとする者の、その自己凝視の原点に他ならない。

がしかし、己れを娼婦だと知ることと、実際の娼婦であることとは、それはどこまでも交わらぬ二本の線。例え娼婦になってみたところで、あたしたちは、娼婦たり得ない。沖縄の娼婦にはなおさらのこと――。

それを知った上で、娼婦をやること――反体制的概念としての『娼婦』などとカッコよく尻ごみせずにやってみること。とにもかくにも他人の痛みは三年でもガマンできるあたしたちではありませんか！　しかしまあ、やる、やらないは、趣味性の問題ですけどね。そういうことにしておきましょう。

タケとスガ

さて、タケとスガは二人とも沖縄に来て早々に、黒人と同棲。まずスガが、五十ドルで結婚してくれとプロポーズされ、愛は金で買えない云々としおらしく答えたら、むこう様は渡りに船とばかり、金を引っこめズボンをぬいだ。その二人の関わりに批判的立場を堅持したタケは、我こそはと充分慎重に男を選んだつもりが、結果的にはスガとドッコイドッコイになってしまった。

スガの男は、本国に帰ってそれっきり。タケの方は逆に男にしつこくつけ回され逃げていた。二人は、男と寝た際、６９《シックスナイン》とかいう体位で励んだそうだ。

彼女たちの男は、それを仲間にいいふらし、タケたちが行くところ行くところで取り沙汰されるに至った。聞くところに依れば、フェラチオ専門の娼婦がいるんだそうで、それ以外の者がそれをやると、犬が人間を噛んだようなニュースになるらしい。まあそれだけではなく男が金を入れなかったり、あれやこれやあったのだろう。スガはともかく、タケは深刻だった。一度ツバをつけた女に対する執念深さは聞きしにまさるものらしい。

それでもタケたちは、まだ質のいい男に巡り合った方だとかで、ペイ（麻薬）の味を男から覚えさせられ、廃人同様の、四十代五十代の娼婦が照屋のバーには珍らしくない。トイレに注射針が落ちているのを目撃したこともあるという。復帰前、照屋の一角に、道から品定めができるように、檻に押し込められた女たちがいたそうだが、さすが今は、注意してみたけど見当たらなかった。そういった女たちは、大方ペイでも打たれて逃げようにも逃げられない状態に置かれているのだろう。

黒人のほとんどは、強い鎮静剤を使用していて、あれじゃマトモな子は産まれないヨ、とタケがいう。かくいうところの彼女は、黒のハーフ（混血）を一人預っていた。少し前まで彼女は保育園をやっていて、その時預かった四人のハーフのうちの一人が手元に残ってしまったのだ。その保育園を彼女はこちらに来て知り合った年上の元看護婦と一緒に始めたのだが、彼女と衝突して、志半ばでやむなく中止した。タケは二十四時間保育を主張し、看護婦は昼間だけのそれを望んだのだ。

タケの保育園は慈善事業などでは決してない。彼女には野心があった。我が息子、二歳になる零を、白、黒、黄ごっちゃの環境の中に叩き込んで育ててみたいという——。つまり彼女のやりたかった保育園はハーフばかりを預かるそれである以上、昼夜ぶっ通しの保育園でなければ意味がなかった。ハーフを保育園に預ける母親たちは、みな夜の勤めを持っていたから。

生後五ヵ月の我が子をタケに預けっぱなしにしたまま、金も払わなければ、引き取りにも来ないその無責任な母親は、Ａサインバーに働く十九歳のホステスで、子どもの父親とはとうに別れ、今離婚訴訟を起こしているという。

あえて身を被害者におき、沖縄の抱えている様々な矛盾について声限り主張し、告発しつづけている富村順一の話をタケから聞いて、その若い母親は、あたしも裁判で黒人のことといおうかな、とつぶやいていたそうだ。

照屋のバー街でこぶしを固めて、ブラックパンサー風の挨拶を交し合う黒人たち。その挨拶をパワーというそうだが、パワーを交し合う彼等と、娼婦たちが告げる彼等の、そのふたつの実像の間で、あたしはいまなおただただ混乱し続ける。

タケたちが働いているＡサインバーのトイレに、こんな張り紙がしてあった。昨年の十月以来客数はめっきり減ったとかで、ボックスがまともに埋まるのは、月二回のペイデー（給料日）の時ぐらいなものらしい。カウンターの中で働くタケは固定給で三万六千円。スガは、それにホステスドリ

> 出勤時間《しゅっきんじかん》を守《まも》りましょう。
> 従業員心得、事業《じぎょう》の繁栄《はんえい》は
> 明《あか》るい心　豊《ゆたか》なる心　寛大《かんだい》なる心
> 平和《へいわ》の心。
> ……なお軍のＡサインが廃止されても
> 全沖縄Ａサイン連合会で再びＡサインを
> 発行し、引き続きＡサイン制度をもうけ
> 対外人の店であることが表示されます。

ンクがプラスアルファされて、月収は約四万から五万の間だという。一杯三百円のホステスドリンクは、その一割が女たちに払いもどされる。まえは飲んだホステスドリンクに比例して収入が決るチケット制一本槍だったが復帰後は固定給＋チケット制に変りつつあるという。ホステスがガブ飲みして、これ以上お客の数を減らすことを防ぐためか、はたまた復帰後適用された労基法のせいか、真相はわからない。

タケは、このAサインバーに前述したハーフの子どもを伴って出勤している。息子の零を保育園に預けて！　そっちの方は夕刻六時から九時まで預かってもらって月九千円也。二十四時間保育（つまりは預けっぱなし）なら一万五千円だそうな。いい忘れたが、彼女は現在妊娠五ヵ月だ！このぶんだとどうやら彼女は、日本人、沖縄人、黒人の、それぞれの血を引く三人の母親になりそうだ。

沖縄を発つ日、再び「経理」をたずねた。ちょうど娘の宿題を悪戦苦闘の真最中で、「三千五百メートルは何キロか、の問題が解けずに、きのうはとうとう徹夜だったという。「経理」の豪快な笑い声を聞きながら、あたしの沖縄素通り紀行は中途半端な幕を降ろした。

［初出『話の特集』72年10月号］

阿部　定

〈わが怠惰と諦念を刺す〉

笑った〝翳《かげ》り〟

たぶん逮捕された直後の写真だろう。刑事を左右に従えて、嫣然《えんぜん》と笑う阿部定。丈は四尺八寸というから、約一四六センチほどで、色浅黒く細面で痩せ形、キリリとした美人、と当時の新聞は伝えているが、そんな類型的描写をはるかに越えて、阿部定はいい女だ。なによりも構えたところが全然ない、そのくつろいだ笑顔がいい。

ナルホド、快楽の果てに情人を殺した女は、こんなふうに笑うものか。こんなふうに冴えざえと、満足気に——、と妙に感心しつつ、目に焼き付けた記憶がある。

〝説明されなければ理解できない美しさというものを、私は信じない〟といったのはかのチャップリン。その至言をひっくり返せば、〝美に説明は無用ナリ〟ということだ。わが心の阿部定に、わたしは今さら何を語ろうか、いや語れよう。

とまれ、そんなふうに想っているわたしは、そもそも希有の存在で、大抵の人は、阿部定と聞くとおぞましさに身を震わせるのが普通らしい。まれに関心を持っても猟奇趣味からのそれである。

彼女の半生涯は、東京・神田の富裕な畳屋の末娘として生まれ落ちたことに始まる。スタートは上々だったものの、十五歳の時、慶大生に強姦される。「当時、その学生にからかわれたと思うと、口惜しくて堪まらず、もう自分は処女でないと思うと此様なことを隠してお嫁に行くのは嫌だし、これを話してお嫁に行くのはなお嫌だし、もうお嫁に行けないのだ、どうしようかしらとまで思い詰め、迚《とて》も焼糞になってしまいました」と、これは「予審調書」に綴られたお定の追憶――。

彼女はその後、心荒れるままに家の金を持ち出しては遊び回る。そうした娘の素行を怒って、父親は彼女を娼妓に売るといい出した。これには驚いて、目を泣きはらして謝まるが、家父長をもって任ずる父親は翻意しない。彼女は腹を決める。「私は父親と口をきかず、どうぜヒビの入った身体だし、こうなった以上はどうともなれ、モウ決して親元へは帰らないと決心しました」

この思い切りの良さは天性のものか。お定さんは、その「予審調書」の全編を通じて、いささかもグチらない、怨まない。あたかも淪落の女としての人生を、自ら選んで生きていくかのようである。

作家の中田耕治氏は、そういうお定を、

「かなり頭がよくて、しかも情念の炎に灼きつくされている自分を見つめている女である。（中略）彼女は、自分でそうした人生を生きようとした。それ以外に生きようのなかった女の哀れさ、悲しみ、そして宿命を知りながら、他人の眼からそう見られることを拒否しようとする」と書いている。

たしかに、彼女は怜悧な女である。「男に惚れた余り今度私がやった程度の事を思う女は世間にあるに違いないのです。ただしないだけのものだと思います。もっとも、女だって色々あり恋愛本位では御飯が食べられないと思って物質本位の人もありますが、恋愛の為、止むに止まれず今度私のした様な事件になるのも色気違いばかりではありません」。己れが成したる行為を、かくのごとく理路整然ととらえ返せる女が愚かであるハズがない。

しかし、中田氏のいうように、果して彼女は、「自分でそうした人生を生きようとした」のであろうか。もしそうであるなら、この世のほとんどの女は、彼女の分身である。モーニングショウの雛壇に鎮座する主婦たちは、みな買い切られた娼婦としての人生を生きようとしているではないか。彼女たちを擁護する人々は決っていう。「本人たちがそうしたがってるんですから、いいじゃありませんか」と。

「適齢期」なるものに陰に陽に脅かされつつ結婚を「選ぶ」女が、実は選ばされているのと同じく、娼婦は娼婦へと作られる。そうなのだ。世の主婦たちが「自分でそうした人生を生きようとしている」のと、まったく同じ程度に阿部定もまた、己れが人生を生きようとしたのであって、それ以上でも以下でもない。

にもかかわらず、お定がひときわ輝いて見えるのは、それは彼女の〝けなげ〟さ故だ。〝一途〟さ故だ。生き切ろうとする執念の、その強さにおいて、彼女は他者を圧倒する。『かくあるべきもの』というよりも、自分の心の底からの願いというものに動かされてきました」(牧瀬菊枝『九津見房子の暦』)。

生き急いだ〝性〟

名古屋市会議員であり、中京商業の校長である大宮五郎もまた、自堕落の底に隠されている、お定のその「生きること」への一途さに気づき、魅《ひ》かれた一人である。彼は、からだに腫物ができて困るといえば、過去の生活が悪いから、梅毒だろうから、草津へ湯治に行けと、大金を添えてすすめるような男。その後姿に思わず手を合せたくなるような人柄ではあったが、しかしこういう人にありがちな欠点を彼もまた持っていた。「禁欲」がそれだった。

「先生は一晩泊りましたが蒲団を二つ敷き、私が寄っても今日は疲れて居ると云い関係せず、却《かえ》って私に夫婦や女の道を話して聞かせ『夫婦は生活本位で、色事は夫婦の交りの為第二の問題である。(中略)心と心が触れ合って居ればそれで満足しなければならぬ。俺はお前を見ればそれで安心するのだ。お前は手を握っても直ぐ眼の色を変える位色情が強過ぎる。男女一緒に寝ても自制出来る位修養せねばならぬ。俺は関係しないと思えば絶対に関係しない』と云って居り、私は実につまらないと、思いましたが、又意思の強い立派な人だと思いました」

たまの逢瀬がこれでは、お定ならずともやり切れぬ。

人は、執着する心の中に己れを見出すものである。それを知る大宮先生にとって、お定への執心は、そもそもあってはならない感情だったハズだ。自分は教育者だ、道を踏みはずしてはならない、の強迫観念が、大宮先生をして不能に至らしめたとしても、少しも不思議ではない。彼はお定に「女の道」を説きつつ、実は己れ自身の煩悩を宥《なだ》めすかしていたにすぎない。そして問題は、女に対するこのぎこちなさが、ひとり大宮先生に限らないというところにある。

「性交の関係は、自然的には愛の関係である。無礼構の関係である。しかし、家父長制の寝床では、そのような自然愛は許されない。すなわち家父長は、その場合ですら威厳を失うことを恐れた。だからことさらに強姦的態度でのぞむか、さもなくば一定の礼儀作法によって、これを施行したのである」（高群逸枝『女性の歴史』）。

女の不幸と男の不幸が寄りそって在る、その「一般状況」に対し、お定はないものねだりをする、頑是ない幼な子の一途さをもって生きた、いや、生き急いだのだ。浅き夢みし、散りぬるおわか……。

その相手となったのが、石田吉蔵という男。荒涼たる性砂漠に芽ばえた、いわば突然変異。

「石田は寝間がとてもたっしゃな男で、情事の時は、女の気持をよく知っており、自分は長く辛抱して、私が充分気持よくする様にして呉れ、口説百万陀羅で女の気持をよくすることに努力し、一度情交しても又直ぐ大きくなると云う精力振りでした」「石田は私と情交しては、その儘居眠りしながらも、私の身体を擦って呉れると云う親切振りで、全く生れて始めて女を大切にし、喜ばしてくれる男に出会ったと思い惚々し、益々離れられなくなりました」

〈生きること〉に一途な女は、その淫蕩さにおいても群を抜く。お定は、およそ三週間もの間、寝床を敷き放しにしたまま、モノもろくろく食べず、風呂に入る時間も惜しんで、昼となく夜となく吉蔵とからみ合う。そのあげくに、相手の頸を締めながら交わるという、生死を賭けたオルガスムスに魅入られていく。

娼婦がホレた男に溺れ込む時、それは娼婦の〈生命の祭り〉だ。少々ハメをはずしたくなるのもムリはない。サディスト故ではなく、生きようとする女の生命の一途さ故に、お定は交わりつつ吉蔵の頸を締め、そして遂には男を殺すに至るのだ。

それというのも吉蔵が悪い。火のように熱くなってる女の耳朶へ「家庭は家庭、お前はお前だ、家庭には子供が二人もあるのだし、俺も年も年だから今更お前と駆落ちする訳にも行かない。お前にはどんな貧乏たらしい家でも持たせて、待合でも開かせ、末永く楽しもう」などと虫のいいことをいうから、ああ、やっぱりこの人もしょせん世の常なる男の一人なんだと、女は秘かに臍《ほぞ》をかむ。またもや誰かの作った筋書きを生きねばならぬ我身であるのか……。と、知った時に、道は決った。なべて生かされるが定めのこの世であれば、この夢さめずに死にたい、生きたい！

「犯し、かつ、殺す側があるならば、当然犯され、かつ、殺される側がある。前者の側にエロティシズムが宿るのだとすれば、後者には一体、何が生起するのか」（『エロチカ』47年9月号「弱さのエロティシズム」）。

バタイユによれば、犯され、殺される側に生起するのはワイセツであるという。

いうまでもなく、ワイセツとは、ワイセツだと思う人びとによって、ワイセツである。人びとの、阿部定をおぞましく思う気持の底には、そういった意味でのワイセツ感が漂っている。阿部定と聞くと、一瞬驚き、次にすぐニヤリと笑う、人びとの〝常識的〟反応の中に、それを知る。

しかしバタイユのいうように、もしワイセツが、犯され、殺される側に宿るものであるならば、阿部定をワイセツと認める人々は、まちがいなく犯され、殺された者である。

石田を殺し、その返す刃で阿部定は、生かされることに従順な、われらが怠惰を、諦念を、小心を、狙いたがわず刺殺する。

――笑うたびに常人（ひと）の消えゆく美しさ。

［初出『一億人の昭和史②』75年7月、毎日新聞社］

永田洋子はあたしだ

苦しむにも才能がいる

先日あたしたちは第一回リブ大会を開いた。その最終日を「リブを自分の問題として考える男を入れての大集会」で飾り（?・）、運動の旗上げ以来のタブーを初めて解いた。といっても一日だけの解禁で、どういう風に誤り伝わったものか当日以外の日にも参加希望の男が三十余名来たとかで、受け付けの女の子が大分難儀したらしい。「なぜ男を入れないのか」と質問してくる男が、それまでにもあまたいて、ヘビに金縛りにされるカエルの口惜しさが、当のヘビにわかるものかという想いの中で、あたしは答えるまえに絶句するを常としてきた。

男にとって〈ここにいる女〉とは母親だけだ。モンローであれ、藤純子であれ、あとの女はみな男の想像の産物、つまりは〈どこにもいない女〉だ。川端康成は〈どこにもいない女〉を描きるをもってノーベル賞の栄誉に浴した訳で、「駒子」のモデルなんているものか。

母親以外には生身の女との出会いを持ち得ない男共がリブの女を嘲笑し、永田洋子を裁こうとする！　この煮えたぎる口惜しさは〈どこにもいない女〉に脅かされ続けてきた過ぎし日のうらみつらみとからみあい、あたしの五体、その毛穴その血管の一穴一本を押しあけて「なぜリブなのか」の問いの答えを吹きあげていく。

もうかなり前のことになるが『タニア――あるゲリラ戦士の生涯』というゲバラと行を共にした女の伝記を読んだことがある。完全に政治的で革命的であったタニアは云々、といった様子のその内容は、信じ難いの想いだけをあたしの記憶に強く残した。

あたしにとって永田洋子は、もしリンチ殺人の首謀者として逮捕されることがなければ、見上げてそれで終りの、縁なき「人」であり続けたのかもしれない。たぶんそうだろう。「出会い」は常に偶然であり、時には皮肉な要因を媒介とする。

いまあたしは彼女が「やさしい女」であっただろうことに一片の疑問も持たない。そしてまたごく普通の、あたりまえの女としての彼女を我が身とダブらせて、ありありとイメージできる。

常日頃想うことはこの世に生きる幸福とやらがもしあるとするなら、それは「苦しむにも才能がいる」という、その才能を有して生きる以外のものではなかろうということ。永田洋子のやさしさ、そして強さは彼女が人並み優れて苦しむ才能に恵まれていたことと深く関わっていたはずだとあたしは直感する。

苦しむ才能とは研ぎすまされた感受性の産物に他ならない。そしてそれは人それぞれの個人史に孕まれた闇を通じて育くまれたものを当人をさしおいて云々する、その無礼をあえて犯そうとするあたしは、まずもって己れを明らかにさせねばならない。

あたしは永田洋子です。

周知のように永田洋子はバセドウ氏病を患っていた。そして田中美津という名の永田洋子のその血液は微弱な陽性反応を示す。汚れた血液と、それとのかかわりの中で形成されたあたしの精神史については、先頃書いた『いのちの女たちへ——とり乱しウーマン・リブ論』の中ですでに明らかにしているので、ここでは話の筋道に必要な事柄だけを簡単に述べておきたいと思う。

幼時いたずらされたことが原因なのか、それ以外のことが災いしたのかは本人でさえもわからぬことながら、しかし、とにかく長い間放置した果ての治療であれば、やけどの跡に残るひきつれと同じく、微弱な陽性反応を体内に残すという。

若くしてその後の後半生に濃い色どりを加えるであろう病を得たことの、その外見は同じでも、しかし、イタズラをされた女がすべてリブをやるに至る訳ではないのと同じく、あたしと永田洋子のたどってきた道は、それはどこまでも交わることのない二筋の糸。それを知って、なおかつ己れを永田洋子だといい張るあたしの想いとは、それを記すだけでもたぶんこの原稿の枚数をあふれる字数となることだろう。

とにもかくにもあたしはいま現在己れの唯一持ち得る方法論で、未整理のこの物狂おしい想いをもって、彼女とあたしたちを分断しようとするみえない壁ににじり迫っていきたい、迫らずにリブなどできるか！

さて永田洋子について語る人は一様にその病気のことにふれるが、大抵は彼女の行為が狂気の果て、もしくは自暴自棄のそれであることを論理づけようとして、その病名を引っ張りだす。狂気説は論外のことであるから、ここではひとまず置くとして、病気故に自暴自棄に彼女が陥ったと思い込む人々は、「でも、永田のバセドウ氏病はかなり良くなっていたという話だし……」とつぶやいて、ハタと首をかしげる。あたしは永田の病がどの程度のものであったのかは知らない。しかし、病気とはからだだけでなく、心も蝕んでゆくものなのだ。

新左翼との出会いを持つまでのあたしは、自分は汚辱の女なのだ、という思い込みでただただ縮こまっていた。その思い込みの裏には「なぜあたしだけが！」というどこにもぶつけようのない絶望的な怒りがいつも貼りついていた。だから、羽田闘争で亡くなった山崎博昭が遺したノートの中に「僕たちの生は罪の浄化のために意味をもつ」ということばを見出した時、陳腐な表現を使えば、まさしく地獄に仏の、それは光としてあった。もとより惨めさを感知すればする程、人は、いまこの時を輝いて生ききりたい願望を強めていくものなのだ。○・○パチの「決戦」へ参加していく中で、己れの生の純化を願うあたしの志向はいつしか革命的非日常信仰ともいうべきものを形づくっていった。その信仰は権力闘争において己れを普遍的に対象化し得るというその一念であった。

権力闘争ということばの意味もろくすっぽ知ってはいなかったが、とにかくイワシの頭も信心からで、あたしはひとえに革命に飛翔する己れに想いを凝らす中で、我が身の透明度ばかりを念じて来た。そのまま垂直降下していけば、あたしはいまも新左翼のメンバーとしてイワシの頭を掲げていたかもしれない。

その別れ道は、偶然がもたらした。つまり、女から女たちへと己れを求めていったあたしと、八ヵ月の身重の女を殺した永田との違いなど、偶然でしかないということだ。

あたしはそう思いたい——。あたしのかかった病は、否応もなくあたしに女の性を意識させる類いのものであった。〈女であること〉から逃げ続け、そして〈女であること〉に引き戻されていく己れの路を追って、あたしの青春は果てしない浪費としてあった。二十年に亘るさすらいの果てに己れ自身と真向かった時、あたしの革命的非日常信仰は破れるべくして破れていった。女への抑圧は日常と同意語であり、それを見据えようとしたら、その身を日常空間に置くは当然のなりゆきというものなのだ。

〈ここにいる女〉を殺す

さて、マスコミがペンの暴力をむきだしにして永田に加えたリンチの詳細をここでむし返えすつもりはない。ただ本当に永田は巫子として存在してたのか——。森以下の男共は、その神通力のままに操られただけで悪い奴は永田、なのか——。この答えの欄を空白にしたままでは、我が姉妹・永田洋子に対するあたしの想いは、結局繰り言の域を出ない。

永田は〈どこにもいない女〉に向けて己れを売り渡すには、あまりにも豊饒に女でありすぎた。餌をくれるならどんな奴でも主人でございという風な卑しさを男との関わりの中で再生産してきた女の歴史。それは主人の手招きひとつで飛んでゆくメス犬としての歴史に他ならない。媚びるとは他人の価値観に己れを売り渡すことであり、メス犬として尻尾をふって生きる女のその媚びの生が、絶えまない存在の喪失感に脅かされるのはそれ故だ。この世に生きる女という女は、男の目に映る己れ、すなわち〈どこにもいない自分〉を求めて己れを見失っていく宿命を負って生きている。

この世が世である限り、女の主体性の確立は〈ここにいる女〉としての己れを肯定する、その手間ヒマを抜きには未来を孕めない。しかし自己肯定とは一回してしまえば一年間は有効といったものではない。主体を持って生きようとする女にとって、〈どこにもいない女〉を女に押しつけることによって成り立つこの社会そのものが敵である時、なまなましく女であればある程、その女は〈どこにもいない女〉と〈ここにいる女〉の間で物狂おしく切り裂かれていくのだ。

『ドミュニケーション』創刊号で、あたしは『暮しの手帖』を論じた。その中で、母親らしくない母親だった女のことをあたしは記した。あたしの母は、既成のどのような「らしさ」の枠の中にも、とても収まり切れる人ではなかった。すなわちまぎれもなく〈ここにいる女〉として存在していた。そういう女が「妻らしさ」「母らしさ」の枠に無理やりに封じ込められた時、そこにおいての切り裂かれざまは、我が子、我が夫でさえも己れの地獄に引きずり込まずにはおかない凄絶さをその身に孕んでゆくものだ。「善人なおもて往生をとぐ、いわんや悪人においておや」の悪人とは、抑圧の嵐に吹き消されようとする、その生命の可能性に固執し続けることによって燃やし続ける者のこと——あたしはできそこないの母を通じて学ぶべくして学んで来た。

話を永田のことに戻そう。彼女の犯した誤りは〈ここにいる女〉以外の存在ではないのに、〈どこにもいない女〉としての革命家を演じてしまったことにこそある。しかし、あたしは直感する。生身の〈ここにいる女〉としての己れを肯定した上で、彼女は願望としての革命家像を現実化しようとした女であると――。

獄中から弁護士に宛てた彼女の手記を読むとそれは自明のこととしてわかる。人間の精神力を遙かに越えた地平で、執拗に己れを問い続ける彼女のその自己執着こそ、生身の〈ここにいる女〉としての尊厳を賭けた、血みどろの葛藤以外のものではないのだから。

ならば、何故？　の問いの答えも、そう難しいものではない。自己純化への祈りを革命的非日常信仰へ昇華した者が、身近に権力の影を予感する時、その祈りが一途であればある程追いつめられたキリシタンの如く、己れの革命的非日常信仰を死守しようと謀るは、当然のことではないか！

そしてまた権力との期日迫った対決に備えて、〈どこにもいない女〉として、すなわち完全に政治的で革命的であろうとはやまったが故に、彼女はいまだ己れ以上に〈ここにいる女〉の影を色濃く宿す女たちを粛清せねばならなかったのだ。八ヵ月の身重を、アクセサリーに執着する女を殺さねばならなかったのだ。最後のその際まで、〈どこにもいない女〉と〈ここにいる女〉の、その間で激しく切り裂かれる我が身を予感するからこそ、殺さねばならなかった――。殺したのは彼女であり、殺されたのも彼女である。

あたしはリンチを肯定する者では決してない。ただ、彼女が〈ここにいる女〉としての己れを大切に思う女であるが故に、この悲劇が起きたというそのことを指摘したいだけだ。憎いのはこの世に於て女が己れをどの様に求めようと、常に〈ここにいる女〉から〈どこにもいない女〉へと無理やりに己れを変身させていかねばならず存在すること自体が許されないという、その事実。すなわちその事実を産み出した父権制のブルジョワ社会そのものだ！
永田であろうと、管理職希望の女であろうと、女が男並み目指してはい上がろうとすれば、男の二倍ガンバラなくちゃならないのですよ。男のすなる革命、その大義に殉じた永田が、男以上に残酷だったとしても、それは永田が残酷だったのではなく、女に二倍の努力を強いる、この社会のカラクリを、「妙義山中のあるひとつの帰結」が証しているだけの話だ。

［初出『日本読書新聞』72年6月1日号］

私の平塚らいてう批判

己れの闇と空転

つい先日、「原風景」という、ことばのあることを知った。

あたしの「原風景」とは、冬の、耳がキーンとつっぱる寒さの中で、下から見上げる、木の梢《こずえ》。空の青さに、影絵のように切り込む、落葉樹の梢。その、簡潔で、繊細な、枯れた風景は、どういうものか、あたしにある陶酔感を与える。天に張りめぐらされた、クモの糸のように精緻《せいち》な小枝を下から見上げていると、いやそのありさまをイメージするだけで、目まいにも似たエクスタシーを、あたしは覚えるのだ。

いまさら改まっていうのもおかしな話だが、ヒト様と理屈抜きに心を通わせることのできる想いとは、この世の「生き難さ」と「人の恋しさ」。出会いの中でしみじみと胸にあふれて、「あんたもシンドイことだねえ」と、我が身の生き難さとを合せて、絶句する。ヒトはみな、それぞれの生き難さをかかえ、その闇を誰とも共有でき得ずして、ひとり行く。

むろん、論理からいえば、あらゆる矛盾は階級社会の歴史になんらかのかかわりをもっている以上、お互い同士の闇は重層的にかかわりあって、右を向いても左を向いてもまっ暗闇の、この体制をつくりだしている。しかし、そんなことを知ったところで、己れの負っている闇の重さが薄れる訳では、ない。己れの闇は、己れの闇。

ならば、虐げられた痛みを、ただなですり、いとおしんでいればいいかといえば、この世の生き難さを、賽《さい》の河原に積み上げる石に託して、昇華していこうとするようなあり方は、歎きとあきらめの中で、マゾヒスチックにこの差別と抑圧の体制を擁護していくことに他ならない。あたしたちは、怨念では、生きられない。

では、どうするか？　では、のあとが続かないままに、結婚へ、結婚へと、まさしく墓穴を掘っていくヒトに対して、気軽に、ナンセンスなんて、あたしはいえない。男の目の中、腕の中でのみ、己れの存在証明をすべくつくられた女が、適齢期という隠微な圧迫のもとに、己れの闇を男と共に共有していけるかも知れぬという、一縷の望みに賭けていくあり様は、むごたらしい。

多くの女にとって空転とは、結婚とともに始まるものとしてあるが、しかし、一度己れをごまかして、跳んでしまった者の多くは、己れの空転そのものもその日常性の中に組み込んで、なによりも己れ自身に不感症になっていく。

人恋しさにのめりこむ

さて、歴史的に、社会構造的に、己れの闇を対象化してみることの必要性と、現実に、その闇の中で己れを確立していくことの間には、矛盾はないが、亀裂がある。あたしたちは出口も定かならない己れの闇をひた走る中で、己れと出会い、他の多くの虐げられた魂と出会っていくしかない。

被抑圧者の魂の普遍性を、出会いの中で確認しつつ、己れの存在を実感していきたいという希求は常に、いままでいかに生き、これからどのように生きるのか、という己れ自身に対する問いかけの中からしか明確にはなり得ないものとしてある。しかし、楽な方へ、低い方へと、ともすれば流れていきたくなるのはヒトの世の習《ならい》、出会うことへの希求は、生き難さと裏表の想いとしてある人恋しさに、理屈抜きにのめりこんでしまう危さを常に孕んでいる。

「自分が存在してないような気分になるんです。不安でしようがない。男たちが肉体を求めると、存在している気に一時はなる。でも……」。先頃、来日したジェーン・フォンダ主演の「コールガール」という映画の中で、女優志願を果たせないさびしさを、売春という行為でまぎらす主人公の、これはセリフ。

からだを開き、肌と肌とを寄せあうその暖かさの中で、たとえつかの間であれ、生きている己れを実感したい。幼い頃、自分の股の間に、冷えた足を引き入れて暖めてくれた、母という名のあのやさしさへ、男ともども回帰していく己れを幻想する中で、女は、ひとときの安らぎを得る……。そういう女のありようを、しかし、あたしは肯定し得ない。なによりも、自分の犯してきたまちがいとして、人恋しさを即自的に満たしたい想いは、わかるけど、それじゃダメなんだよ。

女と、その空間を共有したようにみえる男は、しかし、対社会に向けて存在証明していく場と、女との間で存在証明していく場のふたつを、矛盾なく、手際よく合せ持てる志向性を身につけている。男は、物心つく頃から、社会との関わりの中で己れを表現するようつくられるのだ。女との関わりは、あくまでそれを補完するものでしかない。

しかし女は、唯一、己れの存在を、男の目の中で確かめる、そのことをもって女の「生き方」となすようつくられる。「偉くなれませんよ」という男の子への恫喝《どうかつ》と、「お嫁に行けなくなりますよ」という女の子への恫喝の内容の違いがそのまま、期待されるべき男女像を浮彫りする。

この相容れない歴史性の違いに目をつぶって、闇の暗さを、たとえつかの間であれ、男の腕の中で忘れよう、忘れたいと希求する女たちよ、それじゃあダメなんだよ。それじゃあお人好しすぎるんだよ。女が、己れの感性を、そのような空間のごまかしに蚕食《さんしょく》させてしまう方をあたしは危ぶむ。

想えば、何に対して己れの存在証明をしていくにしても、あたしたちは、絶対とか唯一、永久、真理などという規範から、遠く離れた、白々と醒めた地平からしか、旅立てない世代なのではあるまいか。

いま、はっきりさせなければならないのは「絶対的なるもの」に対する懐疑の量だけ、人恋しさにのめり込んでゆく揺めきの中に、あたしたちがいる、ということ。あたしたちの、そのような存在のあり方そのものが、現代史を、その矛盾をまぎれもなく反映していて、まさしくあたしたちは、歴史を生きている、という訳だ。

運動の渦中からひとり離れて、ホステス暮しの身すぎ世すぎ、つらい、せつない、寂しい、はヒトの世の常と心得つつも、己れの払拭しきれない甘さ分だけ、身に受ける亀裂は拡大されて、その中で、いつも想い出すのは、この「原風景」であり、ジーッと一点、目をこらしてみる癖を引きかえに、あたしは己れをなめらかに対象化することばを失っていった。

大分前書が長くなってしまったけれど、それというのも、いまのあたしの立っている「現在置」を自己確認することなしに、あたしはヒト様のことなぞ、論じられないからだ。そう、あたしはいま、手際よく、総体的に、青鞜運動の、それの起こり来たった必然性と孕まざるを得なかった限界性を論じる中で、らいてうを鮮かに浮かび上がらせるような、そういった書き方は、とてもじゃないができないところにいるんだ。

あたしは、とり乱して、いま、いるんだ。書くという行為は、常に己れの到達段階の不充分さを自己確認する作業であり、さらに、続いて己れの次の一歩を明らかにすることが、書き手に問われてくるものとしてある以上、らいてうの輝きも、限界も、客観的になんぞ、書けるもんじゃない。

——しかし、言い訳は、もうよそう。いま、少しも対象化できない、己れをひっ抱えて、あたしは、そのとり乱しを通して、あたしのらいてうさんに出会おうと心に決めよう。

「選ばれた女」と「選ばれない女」

雇われてから三日目のこと、てんぷくトリオとかいうコメディアンの中の、太った男を小さく縮めて女形にしたみたいな女が、ドアをあけつつ「ママ、居ますか。ママ、居ますか」と、油の切れた自転車みたいな、雑音まじりの声で、十二月一杯の雇用を頼み込み、すぐさまその場で断わられた。この寒さに、安物のドレス一枚で、何軒も断わられ、断わられしてきたであろうその女の、もう少しましに化粧できないものかと思われる顔が、いつまでも想いから離れずに、あたしは自分がかろうじて雇われて、こうして客の横に坐っていることにとまどい、羞恥した。

らいてう自伝、『元始、女性は太陽であった』を読み進む中で、あたしは、常に選ばれる女としていたらいてうさんと、時によって選ばれたり、選ばれなかったりする不安定なあたしと、そしてたぶん、その人生のうち、拒否の憂目に会う方が多いだろうと思われる、あの断わられた女――選ばれない女との三者の距離を、視つづけざるを得なかった。

あたしは、器量の良し悪しをいっているのではない。もちろん、それも入るけど、それぞれの個人史総体を、男社会の価値観を基準に直感的に比較したまでの話である。選ばれる女と、選ばれない女は、共につくられるのだ。すこしくらい、顔形不揃いでも、豊かな、安らいだ日々を経て育ち、のちほど教養とか申すもので仕上げれば、結構雰囲気のある顔になるものだ。

さて、いうまでもなく、立派な家柄、豊かな経済、高い知性、お白粉気なしの美貌、恵まれた健康、そして交友という、らいてうさんをらいてうさんたらしめた背景を断罪すべく、彼女を「選ばれた女」呼ばわりするのでは、決してない。「選ばれた女」とは、抑圧を受けることの少ない女、という意味ではない。くどいようだが、己れの闇は己れの闇。誰にとっても、自分の受けている抑圧は絶対であって、それを相対的にとらえて「もっと痛いヒトがいるから」という論理からは、上見りゃキリなし、下見りゃキリなしと、差別と抑圧を維持していく方向しかでない。

しかし、女が受けるどのような抑圧も、その根がひとつであっても、それはさまざまな位相をもって存在する。いま、リブに参加している女たちは、風評を裏切って、そのほとんどが十人並み以上の顔立ちの（あたしたちの運動の到達段階の不充分性が、そこに明確に顕われている）、高校以上の学歴をもつ、いわゆる中産階級の中か下を構成する女たちで、時に応じて、選ばれたり、またはずれたりする、故に上昇志向を最も激しく内包している「あすなろう」の女たちで、その量的にも最大の階層はまた、最も先鋭に、現代を反映し、揺れ動いている。

いままであたりまえの結婚からさえ締めだされてきた、例えば水商売の、被差別部落の、在日朝鮮人の、健康を持ち得ない、そういう女たちにとっては、リブに参加する女の闇など、ないに等しく想えるのも事実だろう。しかし、だからといって、あたしたちが体験主義に殉じるのもお手軽すぎるというものだ。幾重にも重なった闇の淵に沈んでいる女たちとの出会いを試行錯誤していく中でしか、己れの闇を通じて主体を確立し得ないということの普遍性は、体験主義の中で卑しめられてはならない。娼婦に我が身を仕立てれば、虐げられし者の魂を共有し得るのか、ということの答は、明白である。魂が出会うとは、一体、どういうことなのであろうか。

「明治四十四年、数え年二十六歳を迎えたわたくしは、やがて独立しなければならないと思っていましたが、といっていますぐ、経済的に独立しなければならないという、追いつめられた気持にはなかなかなれないのでした。当時のわたくしはそんなことよりも、なによりも、まず自己内部の探求、自己の完成ということが、一番大事なことでしたから、自分のことで働こうという気持にはなれないのでした。本当の人間になりたい昔の真人のような本音の自由人になりたい、宇宙の心に生きぬく神人になりたいという念願だけに生きていたわたくしにとって、経済的自立ということはまったく第二義的なことでした。それにまた、食べるということについては、時代の相違もあるでしょうが、現代の若い女性たちは想像もつかないほど、楽天的な気分が一般にあったように思います。短い期間ながら速記者として、片手間に働いた経験をもっていましたから、いよいよ、自活の必要に迫られれば、速記者として働く覚悟もついていましたし、場合によってはお遍路になっても、自分一人は生きられるという腹でした」

この文章の中から青鞜運動が、「選ばれた女」の甘さを払拭しきれずに展開されたことを指摘するのは難しいことではない。偶然らいてうさんの自伝と一緒に読み進んだ、『おりん口伝』（松田解子）という、日露戦争時代の鉱山にその生きざまを印した女の話の中に、こんなことばがでてきた。「そのバカ正直が、おれは、ナサケねえだ。バカ正直で世渡りできるものだったら、おらだってこうしていねかっただ……」

内的世界に純粋に追求できるものだったら誰でもしたい。清く正しく生きられないあがきの中で、その生きざまが孕む哀感に対して、せめてそれのできる己れ、を対象化することもなくらいてうさんは何故自己肯定ができるのだろうか。そこに青鞜運動が、その時代の「選ばれた女」たちの、限られた意識変革に終った要因を視ると共に、「おんな」という視点が、階級性を孕めるかどうかの分かれ道を、あたしは視る。

かつての女性解放運動家が、老後は長屋で生活保護を受けながら、身よりもなく寂しく果てた、というような話を見聞きするにつけ、ボロは着てても心は錦、などというウソッパチに己れの不安をごまかすことは到底できず、あたしたちはそこんとこを運動として越えていこうと、決意新たに思うけど、それにしても、あたしの中にもいまだ残っている「喰いっぱぐれば、最後は水商売」という考えの、なんと傲慢なことよ。

そのあたりをさまよっている限りにおいては、らいてうさんの甘さと、五十歩百歩ではあるが、居直っていえば、論理をもってその己れの傲慢さを戒めたところでウソに決っているから、かくなる上は、とわが身を夜の街に沈めた按配。その行為の愚かしさ百も承知で、しかし、凡人は愚かしさに徹する以外、悟りを得ることもなかろうとも思うのだ。

「宮城さんは桃割れか何かの日本髪に厚化粧をして、柔かい着物を思いきり、抜きえもんにぞろりと着て気取っていますが、垢抜けしない田舎娘で一見雛妓《おしゃく》といった印象でした。保坂さんとわたくしは思わず顔を見合せ、こんな人がどうして社内にまぎれ込んでいたか、と眉をひそめたほどでした」

ホステスと客、そしてホステス同士の関係性の中に、階級社会はその人間関係の秘められた本質を暴露する。抑圧されるとは、生命《いのち》のもつ可能性を卑しめられることであり、存在そのものを否定されることに他ならない。媚をもって、男の目の中で己れの存在証明を果たそうとして、故に、その存在そのものが否定される、という背反した矛盾をその身に引き受けるホステスという存在は、しかしこの社会の中に生を手さぐりする、あらゆる女の、男の存在に、その影を落している。

早稲田の学園祭の時、リブが、運動としていまだ明確な方向を持ち得ていないことを、生硬なことばで問いつめてきたヒトの指に、マニキュアが光っていた。それを、リブ派がおぞましきこととして、逆批判したのだが、マニキュア＝体制的、素顔＝革命的、というエセ左翼好みの基準にいくらかでも染まりつつ、その批判が導き出されたとしたら、あたしは納得しがたい。

マニキュアをしたことがまちがいなのではなく、その教科書的な解放理論が、マニキュアに象徴されるそのヒト内部の矛盾から改めてとらえ返されることのないままに、理屈に己れを従属させている、そのあり方が、まちがいなのだ。その存在と緊張を孕まない解放理論など、いいヒトでも現われれば、イチコロだ。抑圧に対する怒りと、支配に対する媚を象徴するマニキュアの、両方をその身に宿らせる、そういうあたしたちの矛盾の中に、虐げられし者の魂を等しく孕みつつも現実には分断敵対させられている女たちを結び合せる回路が、その可能性があると、あたしは思う。

さて、あたしのイメージの中のらいてうさんはなによりも理知の人としてあった。しかし自伝の中に登場する彼女は、一本や二本の線ではとてもフチどりできない、多様な顔をもつヒトだった。絶対的自我を確立し得た唯一者として、己れを意識するその目は、出会いの中で辛辣な光を帯び、読む人を困惑させる。

内的世界を純粋に追求し得たその個人史を、とらえ返すことなく肯定する彼女の視点は、直感的鋭さはあっても、結局は気分や好みで他人を識別していく不遜さをまぬがれない。自伝の中に幾度も述べられている、厚化粧や、水商売に対する彼女のむきだしの蔑視は、彼女の感性のある部分が、古い女のそれそのままに維持されていることを、問わず語りに物語っている。

この世の矛盾を最も赤裸に、象徴的にその身に負っている娼婦の生き難さと、らいてうさんに絶対自我を希求させた生き難さとは、どこで出会い、そして共に解かれていくのだろうか。

らいてうの可能性と限界

一人称にてのみ物書かばや
われは、女《おなご》ぞ
一人称にて物書かばや
われはわれは

『青鞜』発刊にあたって与謝野晶子が寄せた短詩からの抜き書きに知るように、『青鞜』は、女に対する封建的な思想への、文芸を通しての意識的、無意識的反抗という性格を強く帯びた純然たる婦人の文芸雑誌として発刊された。一九一一年のことだった。

「その頃のわたくしたちは、いまの若い人々のように社会問題や婦人問題に対して、理論的な把握というものがほとんどなく、婦人をとりまく重苦しい環境や、古い道徳に烈しい不満を感じながらも、出口がわからずただ本能的な反発のなかで身悶えしているばかりでしたから」

というような始まりが、創立二周年には、

「青鞜に対する世論の攻撃がはげしくなったころから、当初文芸誌として出発した方向と、因習打破をとなえて、旧道徳とたたかいながら、婦人問題への視野をひろげてゆく行き方との間に矛盾が生れました。文学の伝統的な立場を守るいわゆる女流文学者たち――そういう青鞜社の賛助員の中には、非難攻撃を受けることによって婦人問題へと開眼されてゆく若いわたくしに対して、妙に冷く、または全然無関心の態度を見せる人もあり……」

というところまで行き着くのだ。

当然のなりゆき、というは易いが、若い娘が一人で飲食店に入るようなことさえタブーだった頃、世間の耳目をそばだたせた大逆事件も、内的世界の探求に一心の耳にはよく届いてこなかったという、その彼女が、自己の内部の衝動に忠実に従っていく中でその地平に到ったのだ。

それから七年を経たのち、彼女は市川房枝さんらと「新婦人協会」を設立し、「花柳病男子の結婚制限法」制定を運動目標の一つに掲げる。この運動は、参政権獲得という至上命題のかげにかくれて、さしたる活動もないまま不発に終り、参政権運動も、対議会活動に多大なエネルギーをさきつつ、運動体自体が分裂に追いこまれていくのである。

この運動のことは、後年、『婦人公論』誌上に掲載されたらいてうさんの手記風な記録「新婦人協会の回顧」を通じて知った。そこには運動の過程で深くなった市川さんとの対立が露わに、むごい感じで書かれており、再々度、同性に対する彼女のものの見方に違和感を覚えざるを得なかった。女同士で、運動を創っていくことの喜びを実感として知っているあたしには、そこに書かれた実りの少ない争いに、まずとまどい、そのような関係性を反映しつつ展開されている、運動のための運動、の無残さに息のつまる想いがした。

その荒涼たる風景は、やさしくなんかし合えないと、一度突っぱねあう中でしか出会えない女同士の反目と敵対の歴史そのものだ。それを視る時、らいてうさんをこの運動に駆りたてた直接の動機は、結婚した相手から性病を感染され、しかも離縁になる、という例を身近に見聞きしたということらしいが、しかし、だからといって、男たちから感染された病にその身を腐らせていく女たちの、無念の慟哭《どうこく》が彼女の魂に私怨の歴史を刻印していったとは、あたしは到底想いがたい。

魂をその肉体に宿せるのは、被抑圧者だけであり、その魂は、他の魂へのいとおしみと抑圧する者への怒りの中で、息吹く。らいてうさんをこの運動に駆りたてた、歴史の闇に打ち捨てられた生命《いのち》への想いは中途半端に途切れたままで、結局、彼女は己れを「選ばれた女」として自己完結させていった、とあたしは視る。

「青鞜宣言」あたしの解釈

さて、女にとって支配—被支配の歴史とは、女の性に加えられた哀しみの歴史に他ならない、とビラに記した思い出を持つあたしは、いま、グループの仲間と共に、出産、中絶、育児、避妊、性病等に対して、せめて、初期の診療なりとも自分たちの創る機関でできたら、という身の程知らずのプランを立てている。感性的アンチを、科学的に論理化していくと共に、リブは、いま、より具体的にその運動を展開すべき時に来ている。己れを矢と化す瞬間が、待たれているのだ。

それぞれの子宮に孕まれた私怨の歴史を通じて、女から女たちへと、あたしたちは己れを旅立たせよう。しかし、運動が具体性を獲得すれば、女同士の亀裂が埋められる、出会えると、そんな錯覚は持つまいぞ。では、どこであたしたちは娼婦と出会うのか。

執拗に、その問題から、らいてうさんの軌跡をたどれば、最後にあたしたちは、女のもつ可能性を高らかに歌い上げた、かの有名な詩にたどりつく。

「然らば私の希ふ真の自由解放とは何だらう。言ふ迄もなく潜める天才を、偉大なる潜在能力を十分に発輝させることに他ならぬ。それには発展の妨害となるものの総てをまづ取除かねばならない。それは外的の圧迫だらうか、はたまた智識の不足だらうか、否、それらも全くなくはあるまい、併し其主なるものは矢張り我そのもの、天才の所有者、天才の宿れる宮なる我そのものである。

我れ我を浮遊する時、潜める天才は発現する。私共は我がうちなる潜める天才の為に我を犠牲にせねばならない」

彼女のいう天才ということばは、何を意味しているのだろうか。

「人間の偉さ、他の動物と区別される偉さは集注力をもっていることだと思います。このすばらしい心の集注力で、人間は生命の本源を究め、宇宙と一体となり、大きな充実感のなかから無限の能力をいくらでも引きだすことができるのです」

この彼女の説明を、あたし流に解釈すれば、それは、万物と魂のやさしさを交感する際過去・現在・未来をひとつの空間として子宮に宿す、己れ自身を小宇宙となす、女の性の神秘性の外化したものを指しているのではないか。「我れ我を浮遊する時、潜める天才は発現する」ということばの意味を、あたしはこの解釈を抜きに、鮮明にし得ない。

「私は総ての女性と共に潜める天才を確信したい。只唯一の能性に信頼し、女性としてこの世に生れ来った我等の幸を心から喜びたい。私共の救主は只私共の内なる天才だ」

この、「元始、女性は太陽であった」という詩は、その全体が祈禱めいており、日を司っていた頃の女がその身に宿していたであろうエロスを、豊饒に暗示させる。天才ということばに対するあたしの意味づけは、アメリカのリブが主張する「膣オルガズムの神話」に対立しない。エロスが性器エロスに矮小化され、それさえもタブーとして禁欲が強調される中で、女の性のオルガスムが、女を素通りする形で膣に集約されたことと、女が太陽から月へとその輝きを喪失していったこととは、深くかかわりあっているのだから。

「ここにいふ太陽——大円光体——は、いふまでもなく生命の根源の象徴であり、『隠れたる我が太陽を、潜めるわが天才を発現せよ』とは、各自がその自我の当体に到達することによって、失はれた女性の生——創造力——の全的回復を求めたものであります」

とらいてうさんは記しているが、しかし、あたしたちの創造力の貧困さを、主体性の問題として論じるだけでは、圧倒的に不充分だとあたしは思う。女への抑圧が、常に子宮とのかかわりの中で加えられ、子宮が育むやさしさの外化を幾重にも阻んできた階級社会の文化史をとらえ返すことなくしては、女の創造力の奪還を論じることはできない。

女から女たちへと、選ばれた女と選ばれない女と、そしてその中間にひっかかっているあたしみたいな女が出会っていく問題は、個人史の違いを越えて等しく奪われてきたエロスを、その子宮に甦らせる、「その時」へ向かってあたしとあなたが歩みだす中にしかないと、あたしは確信するのだ。

山手秀子さんが、婦人問題は女総体にかかる問題で、リブはおんな個の問題、といわれたことがあった。エロスは法律や権利の問題ではあり得ず、ひとりびとりが日常性の中で、自分をとりまく矛盾と緊張関係を孕みたどっていく中で、抑圧の歴史によって私怨ばかりを孕まされてきたその身の子宮を解き放ち、女の魂のやさしさと神秘を、子宮に甦らせていく問題なのだ。

それは、日常的に張りめぐらされた権力、そのイデオロギーと、ごまかしなく対峙し、己れは己れ、を貫いていく過程の問題でもある。だからあたしたちは、社会がこうだから、男がこうだからといって、己れの現在を正当化することはできない。

また、女としてより人間としてとらえなければ、というような耳ざわりのいいことばは、ともすれば、あたしたちを男なみに封じこめようと謀るものだ。だまされまいぞ。過去も未来も己れの現在とつながったひとつの空間としてその子宮に孕むことのできる、豊かな可能性の中にあたしたちはいるのだ。だからこそ、人恋しさに安易にのめって、人肌の暖かさの中で、かろうじて存在の現在確認をするに止まるなんて、つまらない話ではないか。

さて、あたしはらいてうさんが、あたしのいう意味での、女の性の持つ可能性と神秘を直観していたのではないか、ということを、彼女がまったく論理の道筋を経ないで書き進めたというその詩から確信する。しかし、結論を急げば、その彼女が、夫や子を得ていく中で、女のしあわせはやっぱり家庭、といったかんじの「ただのヒト」に還元していく有様は、遂に彼女が女たちと魂のやさしさを交感することなく終った不幸な唯一者であったことと深いかかわりを持つ、とあたしは想う。「天才」の高潔な意思も繊細な感情も、女から女たちへ自らを求めてゆくことがなければ、それは選ばれた女の、強い女の、特権でしかないのだ。

あたしは、女だけのコレクテイブ（共同体）を通じて、はじめてエロスということばを自分のものにした。エロスを孕まない連帯とか共有なんて、どこか無理してるに決ってる。結局リブは、女の生き難さを力を合せて打ち破っていくと共に、最も反目し合ってきた女と女との関係性の中にエロスを甦らせることを通じて、主体を確立することを目指す運動だとあたしは思う。

らいてうさんという、仰ぎ見上げ、絶句するしかないような存在を、時代の違いもあるけれどあまりにもかけはなれている我が身をもって論じるという、その悪戦苦闘の最中に、経営者が休めないのに、続けて休んだという理由で、あたしは勤め先のバーをクビになった。内心ホッとしないでもなかったけれど、男への想いと女たちへの想いの間で、ゆらめきとり乱しているその上に、またもや喰いっぱぐれの心配が加わって、あたしの原風景はより冷えびえと冴えわたっている、いま。

たぶん、それを視つめるあたしの、「これだけは」という想いとは、この世ならぬやさしさの空間を、女たちと、そして願わくば男とも創りあげていきたいという、それだろう。あたしのグループは、今年四月に再度、コレクティブを出発させる。

［初出『婦人公論』72年2月号］

いま泣いたカラスの唄

中絶と子殺しと

何処にいようと、りぶりあん

ヒトは自分の痛み、惨めさでしか闘えない。というと、「抑圧民族としてある自らを問うことなく、女としての痛みなどナンセンス」とか「キミたちは、被爆者、在日朝鮮人の痛みを考えたことがあるのか」という叱責が聞えてくるようだ。しかし、それをあたしたちに告げる主体は、我が身を一体どこに置いているのだろうか。抑圧を相対的にとらえる視点は、体制の十八番《おはこ》なのだ。この差別と抑圧の体制は「あのヒトよりしあわせ」の論理によって支えられているのだから。あたしたちは、ヒトの痛みは三年でもガマンできる、という冷厳な事実からしか出発できない。

被差別部落民の、在日朝鮮人の、百姓の闇をあたしたちは共有できない。しかし、己れの闇に固執する中で、その共有できない闇の共有できない重さの、「共有できない」ということをどこまでも負っていくこと――あたしがあたしである、ということはそういうことだ。

（三里塚への固執と戦き）

［初出『現代の眼』71年4月号］

女にとって子殺しとは何か

悪女の深情けも情けのうち

むかし、といってもまだホンの二、三年まえのことだが、全共闘運動はなやかりし頃、演壇にその男が登場するとワケもなく胸がときめくという、一種の偶像崇拝にも似た想いで遠くから見つめていた男がいた。

つい先日のこと、その男と偶然一緒になった。ああこんな顔をしていたのか……。はるかに想いをときめかせていた往時の己れが甦って、あたしは一人懐かしさを楽しんだ。いや一人ではない。その時隣りにかの小沢遼子さんが坐っていて、彼女が熱っぽく囁くには、

「カレ、いいわねえ。あたしあんな風に荒んだかんじの男に弱いのよ」

ホレられることはあっても、めったなことではホレない石部金女？　に限って、こんなあんなに「弱い」を連発するもので、生来淫蕩なあたしなんぞは口に出さずに目で語る。

なるほど、男は荒んだ風で、毎日酒浸りだと聞かされてもハハンと思うような、平手造酒とは

こんな男ではなかったか。胸深く抱いていたイメージとは大部ちがっていたが、人間一生のうちにはいろいろなことがあるものよ。時には片目の運転手、そして時には平手造酒――。

さて、小沢さんの囁きに、一も二もなく同感しつつ、しかしちょっと待てよ。もしその我が君が、女だったらどうだろう。なりふり構わず荒んだ女に、洟《はな》以外にひっかけてくれる男などいるのだろうか。あたしはなにかというとすぐイメージでものを考える質だが、星の流れに身を占って女がひとり、尻尾のチビれたビッコの犬と、痩せた影のほかには後を追うものとてなく……。その占いは凶とでた。

だがしかし、簡単に想いつめてはなるまいぞ。漂泊の男という男がモテルわけではないのだ。と想い返して、改めて我が隣人の顔マジマジと見やって、引き返すその足で己れの顔をば想い浮べて、……ムムム。

地獄の果てまでもお前がいのちとホレられた、マノン・レスコーなる女だっていたではないか。しかしあれはあくまでオハナシの世界。しかるにモジリアニを見よ、太宰治を見よ。犯罪の蔭にも、芸術の蔭にも女あり。七転八起が人生ならば、その人生を男の杖となり台となって支える女がいたらばこそ、死んでも残る花実が咲いたのだ。むろん、女の助っ人で名を成すのがいる半面、身を滅ぼす者もいるわけだが、悪女の深情けも情けのうちだ。それほど打ち込まれたら、それはそれで男冥利に尽きるというものではないか。

新聞の婦人欄だかに、「……うわきしてもいいですから、からだだけはきをつけてください」という、出稼ぎに行った夫を想う妻の手紙が短かく引用されていて、読んだ瞬間胸が疼いた。

「主婦」なるヒトがこれをいうのではない。四季を通じて夫と重労働を分かちあう女が発したひとことなのだ。浮気にしろ自分はやりたいが、相手にはやってほしくない、と想う本音に男女の違いがあるものか。

浮気は困ると念じつつも、出稼ぎ先で病気になったりケガでもしたらと心配するあまりの、これは女の祈りのことばだ。むろんその祈りに功利的な気持がまったく含まれていないと想うほど、このあたしは初心ではない。

しかしかの「夕鶴」のお通だって、いざその時のために空に帰る羽をば残していたではないか。ヒトが生きものである限り、そしてこの世にある限り、無私の志にまぎれこむ自己保身を、一体誰が咎められよう。

いうまでもなく心許した者へのやさしさは、女だけの専売ではない。しかし、うわきしてもいいからからだにだけは気をつけて、というようなことばを、たとえかけらでもいいから男が発することがあっただろうか。

一日も早く金を稼いで、待ちわびる妻子に届けてやろう。それが男のやさしさだと説明されても、あたしは納得しがたい。女のそれとは次元を異にする男のやさしさなるものが浮かび上がってくるだけで、あたしのこだわりは解かれない。

我が子の成長を祝う気持は「七・五・三」の商魂にかすめとられ、家族そろって今年もすこやかにの願望は、明治神宮のお賽銭箱へと消えていく。そして、出稼ぎの夫に寄せる妻の祈りも、妻子に楽をさせたい夫の願いも、結局は企業の利潤に吸い上げられていくというわけだ。

この世のどこに身を置こうと、人の人たるやさしさが、思いやりが、この万事が金の世の中に霧散していくそのカラクリに、油断のない睨みをば効かせた上で、あたしは、対男にかすめとられていく女のやさしさを今こそ問題にしたいのだ。せねばならぬと思うのだ。

意気地ばかりの未婚の母

子殺しがふえている。それと気づいたのはいまから二年前。新聞はむろん検察庁裁判所にまで足をのばして調べたら、なんと一年間に心中も含めて四十件近くの子殺しが起きていた。去年なんぞはそれに倍する数で起きているにちがいない。中でも昨秋十月は子殺しラッシュと呼びたい程の凄さであった。

五日、広島県、マネキンガール石川清子（二七）、生後一カ月の我が子を殺してセッコウ詰め。

五日、広島県、店員、福井あい子（二二）を殺人、死体遺棄で逮捕。九月中旬、出産直後の女児を殺した疑い。調べでは昨年春にも同じように殺していた。

五日、埼玉県、無職、高安和子（二〇）、離婚後産まれた子を殺し、両親と謀って実家の庭に埋める。

七日、栃木県、バーホステス、船戸三重子（三五）を幼女遺棄で逮捕。幼女二人を家に置き戸をクギづけにして愛人と四日間遊び回り、子供は仮死状態。

十日、名古屋市、主婦、井戸とし子（四一）、一年六カ月の長女を殺して逮捕、他に男ができ夫婦仲がよくなかった。

この世においてはなにごとも「一般的」には存在しない。子殺しもまた然り。

それは東京ならば、江東、葛飾、足立などの、地価安く煤煙たれこめる地区に多発しており、そのほとんどが間借りやアパート住まい。夫の勤めはズボンのすじ目を気にせずに通える工員、運転手、大工などが多く目につく。そして裁かれる女といえば、想像通り九分九厘「主婦」だ。むろん三食昼寝つきなんていうのではなく、パートタイマーとして家計を助ける、そういった類いの「主婦」だった。

堤防と社会は弱いところから決壊する。犯罪という犯罪はそれを裏書きする事実に他ならない。一体社会という川の流れのどのような澱みが、子殺し地獄の阿修羅へと女を突き落していくのだろうか。

いつだったかの新聞に、女の神経症（ノイローゼ）についての記事が載っていた。

女の不安、抑うつ、不全感は、戦前ならば嫁と姑の葛藤に原因があり、戦後のそれは夫妻間の問題や職場内の適応をテーマとするものに入れかわり、つい最近までこの種の神経症が中心を占めていたとか。ところが今日では女が自己主張を貫こうとする時、過酷な現実に突き当って抱く怒りや焦燥や不安——つまり女への社会的差別こそが、女を精神的に重圧する主要原因なのだそうだ。

女の賃金は男のそれの半分にも満たず、労基法に明記されている産前、産後の有給休暇、生理休暇は有名無実。それどころか結婚・出産退職制が女を脅かす。あげくの果てに中絶——。「未婚の母」の元祖、桐島洋子さんが、女はできるだけ「未婚の母」になるな、といっていたが、それは彼女自身の苦闘がいわせしめる友情ある説得というものだろう。〈一人で生きられぬものは、二人でも生きられない〉とは真理のことば。しかし女にとっての現実はこの逆だ。一人で生きられぬから結婚する。ところが結婚しても喰えない、産めない。

高い家賃、アパートのそのほとんどは子供不可、天井知らずの物価の値上り、教育費の過重負担、重い税金ｅｔｃ。それに加えて交通戦争、ＢＨＣ、ＰＣＢ、水銀中毒、遂には丸干しを食べて精神錯乱になった人がでてくるに至っては、金があっても貧困の末世もいよいよここに極まって、それでもないよりましの金であれば、女みな共稼ぎへと馳せ参じる。貯めるまで辞めない、辞めるまで産まないが、今様「一豊の妻」の心得だ。その現実をば見落して加賀まりこ、緑魔子、カトリーヌ・ドヌーヴ、「一部有名未婚の母」に己れをなぞらえて、意気地ばかりで未婚の母を目指したならば、それはタヌキも驚く泥の舟。

子連れでなくとも男はみんな狼

「無残！『未婚の母』我が子をセッコウ詰め」。十月五日、生後一カ月の子どもを窒息死させ、セッコウ詰めにした「未婚の母」石川清子（二七）が逮捕される。大都会でひとり、中絶できぬままに産んではみたものの、愛人からの仕送りも途絶え、出産費用八万円は未払い、しかも子どもを抱えていては働くにも働けず……犯行に至る。

アッ！　声にならない声。なんてヒドイ……。思わず持っていた新聞から目をそむける。そむけつつ「なんで中絶しなかったんだろうか」。この女のドジ加減に怒りにも似た想いがよぎる。新聞によれば、お腹の子が八カ月の時一度堕ろそうと決意して産院の門をくぐったが断られたとある。妻子ある愛人からは、出産後も金を送ってこず、占ってつけた名前だけ送ってきたので「もうダメだ」と怒って殺してしまい、殺したものの捨てる気はなく、セッコウ詰めにしておけば一緒にいられると、以後一年、セッコウを抱いて暮していた——。

八カ月なら人工流産という手があったわけで、万事金が世の中、闇堕胎を頼めるだけの金があったらできない相談ではなかっただろう。金がとれなかった？　本当にそうなのか。とらなかったのではないか？

男は広島県に住んでいて、人の目のうるさい地方都市のことだ、それとわかるからだで男の勤め先なり自宅にでも押しかけていけば、ないハズのお金だって出てきただろうに……。自分の身許もバレるとしたって、弱者の思いつめは最後は開き直りに答えを求めるしかないのだ。日々育ってくる子どもを腹に、男から金をとる算段に躊躇をしてる余裕はなかったハズだ。なぜ、やらなかった？　なぜ金をとらんかった？　聞かずともわかる答えだからなおのこと腹立たしくって、あたしは執拗にナゼにこだわり続けるのだ。

目下第二号作製中のリブニュース『この道ひとすじ』に避妊コーナーという欄がある。あたしたちはその欄のこけら落しを〈男の避妊——パイプカット〉で行なった。というのはその欄を週刊誌よりは医学的（！）なＨＯＷ・ＴＯ避妊モノにしたくなかったからだ。女が自分たちの手で正確で安全な避妊法を知っていくことの大切さは、今さらいうまでもない。

しかし、避妊というとナゼすぐに女はどうするか、なのだろう。コンドーム使用の男の有無が問題なのではない。男を狙った週刊誌に、かつて避妊のあれこれが特集されたことがあるのだろうか。面白半分話のタネとして取り上げられることはあっても、それ以上ではない。

それに較べて女性週刊誌の、避妊法をはじめとするHOW・TO・SEXものの賑わいよ。しかもその内容は、男に対する女のサービスにもっぱら焦点があてられていて、フェラチオの仕方まで現出するもの凄さ。中絶の自由を！　という叫びは、なぜ中絶や避妊等の、面倒でイヤなものは女がひっかぶらねばならないのか、の問いつめ抜きには真の自由にはなり得ない。

子殺しの問題と時期をひとつにして取り組んだ運動に中絶禁止法（優生保護法一部改悪案）反対のそれがある。リブには白目でものをいう各セクトも、この反対運動だけはお気に召したらしく、それぞれの新聞やパンフで花々しく論じている。しかしそれを見るにあたしはどうも解せぬことがある。闘いのため、の大義をもって消されていった子どもたちの怨念を、なぜセクトの女は問題にしないのだろう。

そのこと抜きにコーチクされる「中絶禁止法反対の闘いに向けて——日本階級闘争の視点から」なるものに、あたしは不信以外の感情を抱けない。日本階級闘争＝〈トウちゃんの革命〉に決起する、その己れのウソッパチを視ずにセクトの女は、なにを求めて何処へ行く。

戦後一時もてはやされたもののひとつに「悪女」がある。「悪女」とは、いってみれば遊女代りのヒザ枕。〈七人の敵〉が八人に増えて困るから、男と仕事で張り合う悪女は敵視されても、恋のかけひきで張り合おうとする「かわいい悪女」は大歓迎。「悪女」ということばはあっても「悪男」とはいわない秘密がそこにある。子連れでなくとも男はみんな狼だ。

あたしがもし女の子を持ったなら教えよう。恋は女のいのちであるが、男にとってはそれはほどよい頭のレクリエーション、というその事実こそ。

ヒトはみな生きていくためには、なんらかの自己肯定を必要とするが、男は社会に向けて、女は男に向けて、己れの存在の意味を問い続けるべく、男はつくられる、女はつくられる。〈大義のために私を殺す〉ということばがある。恋が女のいのちであれば、社会の大義こそ男のいのち。外に向かっては社会正義を云々する野党の議員が帰ってくれば妾のヒザ枕。この世の中、女に関しては万事「うまくやればいい」のが常識で、バレれば「ヘマだ」。その後の処理は金まかせ。金がなければ知らぬ顔の半兵衛を決め込む。相手がリブの女なら、君はリブなんだから自分で決めてくれよ、とヌケヌケといいくるめる男の厚顔さは、〈大義のために私を殺す〉、殺して当然の考えがつくっていくのだ。つまり女は殺されて当然の生きものだということだ。

二人でつくった子どもなのに、日々育ってくる不義の子は女の「恥」、金をとるどころかわけのわからぬ申し訳なさに追いつめられて、住み慣れた町を捨て一人目指すは大都会。知る人とてない他人の街で、アパートを借り、勤め先を探し、せり出してくる腹と語り合う以外のことばを持たぬ日々であれば、新しくやり直せ、人生は七転八起と励ます「身の上相談」なるものの白々しさよ。男との仲はすでに九分九厘あきらめているが、あきらめてる分の深さだけ男の不実に対し己れの誠実さをもって迫りたい気持は強くあり、あんな男からビタ一文もらわずに産んでみようの意気地と、堕ろして新しく出直そうの気持半々に揺れ動くうちに子は育ち、いよいよもって追いつめられていくわけだ。

女は日々間引かれる

昨今は男の子殺しも目に立ち始め、子殺しが母性喪失の結果でない証拠にコト欠かなくなりつつあるが、ギリギリに追いつめられた人間が自己保身へ走るそのさまに男女の違いがあるものか、荒んだ男につくす女がいて、その逆がないという事実にこそ男女の違いがあるだけだ。

確か敗戦直後の満州における話だったと記憶する。攻め入ってきたソ連兵の目を欺いて脱出を企てた人々のそのまさに危機一髪の生死のさなか、闇から闇へと葬り去られた子どもたちの存在があったという。夜の暗さにまぎれて敵が寝入ったその脇を通り抜けねばならぬ時など、親たちは我が子の口にボロ布をつめ込み、万が一子どもがぐずり出す気配をみせたら、間髪入れず口元をおさえこんで窒息死させたとか。

こういうたぐいの話は、そういう事態の中では自分もまたそうするかもしれぬ、と思わせる点で何度聞いても背筋が氷る。氷る背筋をたどっていけば、おまえそんなに痩せひからびて／生きていってみんな飢え死にするばかり／今夜はやろうか／明日はやろうか／の間引き地獄にたどりつく。

江戸時代たび重なる冷害に苦しんだ津軽奥羽の地においては、産まれて間もない子を大地に戻す風習が、施設の貧困を補うものとして公然化したという。しかも間引かれた子どもの多くは女。いざという時女郎に売れるのに、と思うのは甘い見通しで、この世の秩序はいつの世でもバランスの論理で遠隔操作されている。つまり「妻」に見合った数の「女郎」が必要とされたのであって、その逆ではない。三百年間三千万の人口をコンスタントに維持できた徳川幕府のその手腕のうらには、間引かれるのも女、女郎に売られるのも女の悲劇が隠されていたのだ。

餅かって菓子かって誰に喰わしょ／オカミにくれてはらませて／女ができたらふみつぶせ／男ができたらとりあげろ／これはこれでも子守歌。この種の歌は各地で広く歌われていたという。子どもを寝つかせるための歌が、間引きをテーマにしているとは！　と驚くのは早い。そこには悪知恵に限りなしの転末が潜んでいるのだ。

睡眠記憶法というのがある。英語の単語などをふき込んだテープを回して、そのまま寝入る。毎晩それをくり返していると、知らず知らずのうちに、テープの内容が頭に叩きこまれるというもので、抜群の効果が実証されているという話だ。

ウトウトと寝入りつつある子どもの耳に、くり返しくり返し入ってくる単調なメロディ。女ができたらふみつぶせ、ふみつぶせ、ふみつぶせ……。運よく生を得た女の子は、子守歌の催眠作用を通じて、双葉のうちから「生きていて申し訳ありません」の心境を叩き込まれ、その申し訳のなさの分だけつつましやかに従順に、間引きをまぬがれた子の余生を送ったのではないだろうか。そして男の子は、といえばもういうまでもない。「男ならバカでも殿さま」の価値観を深く血肉化させていったのだ。

口に米ヌカをつめたり、水でぬらした障子紙を唇にピッタリ貼ったり、絞殺、圧殺、撲殺、窒息死、生埋めばかりが間引きではない。生命の可能性を間引かれるのも間引きのうちだ。昔も今も女稼業は一隻の舟、板子一板へだてて地獄の鐘の音を聞く。

「もっとも主体的に仕事にとり組もうと思っても、どうせ女のやることサ、とタカをくった男の視線にぶつかると、ヤル気で伸ばした手足がまたまた縮んでしまうのです」とこれはある出版社に勤める女の話。近頃では「キミは女なんだからホドホドにやればいいよ」と上司に肩のひとつも叩かれると、なにやらホッとした気持にさえなるという。

たかが視線で、と笑わば笑え！　日常的抑圧とかけて生殺しと解く。単調なる子守歌のくり返しが、一見なにげない視線が、ヒトの生命の輝きを間引いていく。女は日々つくられる。女は日々間引かれる。

子どもを殺しておいて罪の意識のかけらもない、と子殺し女を問うのなら、女を日々間引いてる男はどうなんだ！　モーニングショーのひな壇に並ぶ「主婦」はどうしようもなく醜悪だけれど、バカな女よと鼻先でせせら笑いつつそのバカな女を今日も明日も登場させるディレクターなる男が憎い。僕は男を意識しない、とヌケヌケと語る男が憎い。

男は女を間引き、間引かれる女が子を間引く。親ガメの上に子ガメの、子ガメの上に孫ガメの因果だというなら、因果応報は世の習い。女たちよ、男の殺し方を覚えよう。

子殺しは母性愛の終着駅にして始発駅

戦後の母性愛は男への蔑視と裏表に孕まれてきた。

ここ一番、という時何が欲しいかといえば女の暖かいまなざしだなぁ……。「えらい人になれませんよ」と脅かされて育つ男であれば、仕事は戦場、女は銃後。「二十五歳の若僧ですからね。家族親戚は猛反対。八方ふさがり四面楚歌。その中で国のおふくろから手紙が来ましてね。〝政治家になろうと、学者になるにしろ、あなたのことを一番よく知り理解しているのは母親である私です〟……。反対でも賛成でもない、わかるのは私。これには涙が止まらなかったなぁ」（座談会「男が泣く時」『女性自身』）。

今たけなわの衆議院選挙に立候補したある男の、これはまた涙ぐましい〝美談〟だが、ここ一番、という時の女のまなざしは、母のそれをもって最上となすようだ。遠藤周作曰く「女房というのは、女であっちゃいかんのですよ。男にとって一番いいのは、やはり母親であること。そうあってほしいんです」と。「女はバカだ」といういうきめつけが、「女はバカの方がかわいい」という婉曲ないいざまに変わった中に、家父長制から一夫一婦制への移行、ならびに女権拡張運動の功績をみることができる。〈女は三界に家なし〉の時代であれば、犬畜生なみにバカ扱いされようと、女は、ただひたすら耐えるに耐えるしかなかったわけで、耐えると書いて母と読む。そしてその母の犠牲の上で、男は才ある遊女の手練手管を楽しみつつ、明日の英気を養ったというわけだ。

ところが明治以後一夫一婦制が敷かれ、さらに戦後は女の権利意識が春の目覚めをば迎えるに至って、男天下にガタがくる。とくに「お国のため」の精神主義がすたれた戦後は、万事札束が価値基準の中心になり、核家族化現象が進む中で、大黒柱たる男の、その柱ぶりは、持ち帰る月給袋の厚さによって決められるに至った。

テレビ・週刊誌を通じて触発されるヒトの欲望の果てしなさは、女の社会進出を助け、男の権威を失墜させた。しかし性能の悪いポンコツ車でも動かないよりはましとばかり「とにかく女は、男とあらそってはソンをします。彼の優越感を刺激しつつ、男の働きたいという本能を満足させるべく、レールをしいてしまうのです」(『おヨメに行く時読む本』)。パンダの飼育より男の飼育とばかり、女らしさのテクニックのあれやこれやを駆使すれども、笛吹けど踊らぬ夫の出世――。

さて男の試練はもうひとつ。戦後の男らしさは性能力においても試される。といってもこっちの方は論じるまでもないことだ。これでもかこれでもかとばかり凄まじさを増していく週刊誌のHOW・TO・SEXもの。駅前の白いポスト、「悪書追放」のためのそれは、子どもの目より妻のそれを気にする男を援護する。

男と女は、いってみれば、〈踊る阿呆に見る阿呆〉だ。えらくならねばならぬという脅迫観念に自縄自縛されて生きる男は、そのえらさを休みなく掲げねばならず、家庭内において夫という名の奴隷頭は、奴隷であるハズの妻の前で、踊りたくもない踊りを踊り続けねばならぬさだめだ。「男はツライよ」の元凶はこれなのだ。そしてそのツラサの分だけ女の乳房に母をまさぐる。

さて地獄の沙汰も金次第、戦後の母性愛は経済的にも性的にも女を満たせない夫への蔑視と裏表に育まれてきた。夫がダメなら子があるさ、とばかりに母性愛の塵芥《ちりあくた》ひとえに我が子に注ぎ込み、教育ママ、キャラメルママを通過して、子殺しはいってみれば母性愛の終着駅だ。ということは始発駅でもあるわけで、夫に対してはむろんのこと、子に対しての母であることも拒否する時、女にとっての子殺しとは、まだ見ぬ己れを求めての、それは旅発ちの歌だ。

男の母になるにしろ子の母になるにしろ、母なるヒトの存在は、あくまで家制度あってのものだ。それなのに男の権威の失墜は、夫は主・妻は従で成り立つ家制度を内側から侵蝕する事態をひき起こしつつある。しかも現代のノラたちをとりまく状況は、塗料がはげつつあるとはいえ、あいも変わらぬ男上位、前は海、後は崖。手に汗にぎる女の明日。

「昔は父は山、母は海にたとえられましたね。女の本質は海なんですよ。なにが流れ込んできても、あらゆるものを呑み込んでしまう海。これが母性のイメージですね。ところが今は海が、水量で様相を変える川になってしまいましたよ。海のイメージなどみじんもありませんな」（真鍋博・イラストレーター）。

水量で様相を変える川とはうまいことをいう。そうなのだ。慣れ親しんだ「母」の役であれば、そう簡単には捨てきれず、かといって、冷飯を喰わされ続けてきた己れの「女」は、いざ出番と促されてもスグには役どころを心得きれず、母が出たり女が出たりの早変りで、急のその場をとりつくろっているのが今現在を生きる、〈ここにいる女〉という者なのだ。男と二人の生活が楽しみたくて子を殺すその一方で、旧態依然の親子心中が相次ぐ理由がここにある。

子殺しのヒン発にひっかけて、母性喪失が云々されているが、皮肉なことに現実は、母性が喪失され切れずに、ジクジクと潰瘍しているそのことに矛盾の原因を持っているのだ。

女の子殺しとは、分離された肉体（女）と精神（母）が出会っていこうとするそのあがきの中から派生し、それはまた、男への殺意を予告する。リブの旗上げが、子殺しと同時的に起きた事実がそれを証すのだ。出会いたいと想うことの激しい傲慢さは、常に殺意へたどりつく。男――憎し／いとしい／憎し／いとしい／憎し／いとしい／の花びらどこまでもむしっていくその中で、女は男のイメージの中にたゆたう海ではなく、その存在をもって豊饒なる海の生命《いのち》を孕むのだ。

この世において、一体男と女は真の出会いを持ちえるのだろうか。社会変革後は……、などといってくれるな、より絶望の度が深まる。〈人がみな我よりえらく見ゆる日は、花を買い来て、妻と楽しむ〉というような女のやさしさを望む男に対し、今現在をば生きる〈ここにいる女〉の持ちうるやさしさとは、共に地獄に堕ちゆく覚悟、でなかったら無関心、どちらにしても醒めている。

もし一縷の望みがあるとすれば、それは殺児の事実を凝視する男と女の間に孕まれていくだろう。女に子を殺させる社会は、男に女を間引かせる社会は、女も男も生かさない。自分がいつ殺されるかもしれないという絶望と怒りの持主たちが殺意を共有する時、女と男は未来という名の出会いを持ち得るだろう。

［初出『現代の眼』73年2月号］

中絶は既得の権利か

〈あえて提起する〉

生命に対する感性の鈍化

十月五日、生後一カ月の子どもを窒息死させ、セッコウ詰めにした「未婚の母」石川清子（二七）が逮捕される。大都会でひとり中絶できぬままに産んではみたものの、愛人からの仕送りも途絶え、出産費用八万円は未払い、しかも子どもを抱えていては働くにも働けず……犯行に至る。

アッ！　声にならない声。なんてヒドイ……。思わず持っていた新聞から目をそむける。そむけつつ、「なんで中絶しなかったんだろうか」、この女のドジさ加減に怒りにも似た想いがよぎる。が、次の瞬間また新たな疑問が！

腹の中の子を堕ろす分には罪にならず、産んだ子に手をかければ殺人罪。この女だって三カ月まえに子どもを殺していれば（堕胎はギリギリ八カ月まで可能）天下晴れて〝潔白〟の身でいられたのに――。「産む産まないは女の権利」ということばがある。つまり女が堕ろす「権利」を行使するとき、腹の子は生きる権利がないということか。しかし、もし腹の子が人間ならば生きる権利を持たぬはずがない。

女は、その腹に一体ナニを孕むのか？

つい先日も、東京北区で七十六歳の老いた父親が三十七年間も重症脳性マヒの重苦にあえぐ寝たきりの息子を締め殺すという「子殺し」があった。日本脳性マヒ協会「青い芝の会」は「障害者は殺されるのが当然か——優性保護法改悪案に反対する」と題するビラの中で次のように記している。

「親の障害児殺しを追及していった我々がみたものは、障害者の存在を認めようとしない障害者が産まれることを『悪』とする『親』の姿でした。現在の困難な状況下（利潤追求、高度成長のみを至上とし、労働の能力をもって人間の価値をきめる社会）にあって障害児を守り育てていくことの大変さは身をもって判ります。しかしただそれだけで我々の存在を『悪』と考え抹殺していく。しかもそれが『障害者』にとって幸せなんだと断言してはばからない『親』に代表される健全者のエゴイズムこそ実は国家権力、或いは大資本勢力の策動を助挙するものです」

面倒なもの、足手まといなものを切り捨てていく論理——これは権力者の思考だ、というようなことを、今あたしたちが云々することはたやすい。問題は、そのことばと現実の生き方をどのように出会わせていくかということ。

弱肉強食のこの世は、生産性の論理をもって成立している。車優先の歩道橋——老人、子ども、病人、「障害者」無視のそれを想い浮べればよい。企業にとって役に立つか立たないかをもって、ヒトの生命の尊厳を卑しめていくその論理は、あたしたちの生活を、意識を日常的に蝕んでいく。

今回の優生保護法改悪案（中絶禁止法）のその改悪の方向は、むろん生産性の論理、その価値観をより強く女の意識に植えつけようとするものだ。「障害児」を出生前にチェックして、産むか産まぬのかを女に選択させようと図る悪巧みがそれだ。満足な療養施設のひとつもない「現実」を背景に女はそれを強制されるのだ！　女だけがヒューマニズムで生きられる訳もないこの世で女と障害者はどのような出会いを持ち得るのか。

「誰だって堕ろしたかないさ。股を開いてメスを入れられる恐怖と汚辱、男にわかるかってんだ。アメリカで男を切り刻むなんていわれるけどわかるね、その気持。堕ろさないですんで、いつのまにか育ってくれれば。なんでいやな思いをわざわざするもんかね」（国久和子「主婦よ！12・8の女の反戦デモに参加を！」）。「障害児」の問題に限らず、女が産むか産まぬかを選択しようとする時、いつもその前には産みたくても産めぬ現実が立ちはだかってきた。

年間二百万から三百万にのぼる堕胎——その内訳をみるに圧倒的な数を占めるのは主婦と呼ばれる女たちだ。物価高、共働きでなければ暮せぬ給料、ベニヤ一枚で仕きられた狭いアパート（しかもそのほとんどは子供不可だ）、母乳まで汚染する公害、過重な教育費の負担……ｅｔｃ。「こんな社会で産めるか！」の叫びはいくら声を大にしてもしすぎるということのない叫びだ。社会の悪はどこまでも社会の悪として追及せねばならない。しかし、だからといって「こんな世だから堕ろして当然」という開き直りは許されるものなのか！　そのような開き直りは、結局はこのヒドイ世の中を逆説的に肯定することにはならないか！

「こんな社会だから堕ろして当然」と己れを合理化させる中で、女は子どもの生命に対しても己れの生命に対してもその感性を鈍化させてきたのではないか。そのような女の意識に便乗する形で、「障害児」を出生前にチェックして、産むか産まぬかを女に選択させようとする悪巧みが仕かけられようとしているのではないか！　等々の疑問は次々と湧き上がってくる。

中絶禁止法——それは中絶に対する罪悪意識をより強化しようと図るものでアル。そんな風ないい方を他人にも我にもしてきたいままでだったが、はたして女は、ひとりの人間として、新しい生命に真向かう中で「中絶」を問題にしたことがかつてあっただろうか。子どもの生命を消すことに手を貸すことへの罪悪意識を持ったことがあるだろうか。女が中絶に対して持ったものは被害者意識だけではなかったのか。

女は永きにわたって、その存在を社会に男に認めさせる手段として子を産んできた。

この世が財産の保全と相続を至上とする私有財産制という、種つけ用の女を家の中に封じ込め、女の性と生殖を分離させる仕組みの世である限り、「結婚こそ女のしあわせ」「子どもこそ女の生きがい」という価値観、妻として、母としての存在証明を唯一無二として奉つる女たちは跡を断たない。子産み、子育てを通じて存在証明してきた女にとって、「中絶」とは、不在証明以外のものではない。

中絶に依る存在の喪失感は、性のタブーと結びついたところで、女の意識に被害者としての己れを沈澱させていく。性のタブー（生殖に結びつかない性《セックス》を悪とする考え）は確かに根強い。しかし日本に於ては男はそのタブーから許される者としてあった。〈貞女二夫にまみえず〉の女と、〈妾を持つのは男の甲斐性〉といわれてきた男——女にとっては性のタブーとは、その罪悪意識とは常に被害者意識と裏表になって存在してきたのだ。

「殺人者」としての女を裁けるか

これはこの世のことならず、死出の山路のすそ野なる、賽の河原の物語、十にも足らぬ幼な子が賽の河原に集まりて峰の嵐の音すれば父かとおもいよじのぼり、谷の流れを聞くときは、母かとおもい馳せくだり、手足は血潮に染めながら……。この「和讃」とよばれる語りの中に登場する父母は、あくまで子と共に被害者として登場している。

《「和讃」は生者の中の〈鬼〉を排除することによって「和讃」をとなえずにおれない生者の苦悩の原質をも切り捨ててしまったといわねばならない。死者は死のなかにいるだけだが「殺される」ことでいのちを閉じたものの情は即座に霧散するはずはない。それは倫理の尺度と関係なく、死者から生者の所有に移るのである。首を締めた太い手の男もそれと関わらねばならないし、産婦もさらに深く抱きとめるだろう。われわれは歴史の流れのなかにあるとき、その太い手の男であり、泣き虫の産婦であるべきだ。倫理を持ち出すことも「和讃」に逃げることも許されない。なぜならそこでは真の〈鬼〉もなければ、真の〈地獄〉も成立しないからである》（松永伍一『殺児論』）。

誤解のないようにくり返そう。社会の悪はどこまでも社会の悪として追及せねばならない。しかし、「こういう社会だから」「胎児は人間ではないから」という理屈をもって堕胎を肯定しようとしても、しきれないものが己れの中にあり、それを問いつめることを回避しては、子どもの生命を神聖視する考え方にあたしたちは勝てない。それは倫理やエセヒューマニズムとは関係ない地平における、生命の持つ意味に対する問いかけである。この世の生産性の論理が、人間の生命の尊厳を卑しめるものとしてある時、あたしたちは己れ自身の行為に孕まれる意識を問いつめることなく、社会の悪に対するアンチとしての堕胎に止まることはできない。「こういう社会だから堕ろして当然」と、逆説的に社会を肯定（負の肯定）しておいて、女の子宮の犠牲の上に居直っている社会に迫れるハズもないのだから。

カトリック医師会や生長の家の、社会を問わず女の主体ばかりを問うてくる論理（彼等は中絶できないと思って背水の陣をしいて避妊すれば、避妊の成功率は高い等の精神主義をもって女に迫ってくる）のナンセンスさ加減はいうまでもないが、しかしだからといって子の生命と己れを真向かわせようとする思考のすべてをエセヒューマニズム呼ばわりすることは、暴論であり、それは危険な方向を孕むものだ。

中絶させられる客観的状況の中で己れの主体をもって中絶を選択する時、あたしは殺人者としての己れを、己れ自身に意識させたい。

ああそうだよ、殺人だよと、切りきざまれる胎児を凝視する中で、それを女にさせる社会に今こそ退路を絶って迫りたい。女に子を殺させる社会は、むろん女自身を生かさない。自分がいつ殺されるかもしれないという絶望と怒りの持主だけが殺意を外に向けることができるのだ。

もし「殺人者」としての女を裁ける者がいるとすれば、それは殺された胎児と殺す女自身以外のものではない。そういった意味で、堕胎は「殺人」であり、子殺しは「殺人」であり、そして現行の法基準に対してその行為は無罪である。

ピルを飲むことが自己防衛に止まってはならない。堕胎を女の権利化することによって、この社会の悪に対する怒りを中和させてはならない。はたして優生保護法は女の権利なのか！

昭和二十三年、戦後の混乱のただ中で優生保護法が成立した。優生上の見地から不良な子孫の出生を防止すると共に母体の生命健康を保護するというのがその目的。しかし当時の経済的混乱、食料不足、貴重なドルをからだで稼ぐ「パンパン」が産みだす混血児問題等を切抜ける方策として堕胎が合法化されたというのが隠された歴史の真相だ。

翌年、喰うや喰わずの庶民生活を助ける名目のもとに新たに「経済的理由」による堕胎が公認されたが、しかしこれは、あくまで一度解体の憂き目をみた財閥を再度復活させるためにとられた措置に他ならなかった。正確？　にいえば、戦後の、資本の原始的蓄積過程において国民の生活水準をギリギリにおさえ、共働きという形で女の労働力を安価に吸いあげる措置としてそれはあった。

GNP第二位の大義を、血まみれた己れの子宮をもって奉ってきた女の戦後史――「神国日本」から「エコノミックアニマル」へと変身しただけの話で戦時中の「欲しがりません勝つまでは」の精神は一億総ざんげの戦後も変わることなく引きつがれ、戦後日本の繁栄の裏で女の子宮は血にまみれ、その胎児は切り刻まれていったのだった。

確認せねばならない。あたしたちは、未だかつて一度も、堕胎の権利も自由もこの手に握ったことがない、というその事実こそ！　そしてさらには、堕胎は権利なのかどうかをあたしたちは、くり返しくり返し問い続けていかねばならない。もし権利であるならば、あたしたちは今回の中絶禁法反対の闘いを勝ちとっていく中で、堕胎を真に権利化していく一歩を得るだろう。権利とは与えられるものではなく、獲得していくものだ。

論理を固定化せず、自分の手でくずしては積みあげしていく作業を通じて、あたしたちはより強い闘いの根拠を己れの中に形づくろうではないか。それに向けて、この不充分な問題提起がなんらかの起爆となれば幸いです。

［初出『ノアの箱舟』72年11月、リブ新宿センター］

おんどろおんどろ

〈メキシコ闇堕胎事情〉

堕ろしグスリ

一昨年、子どもを産んですぐに二カ月も生理がなかったことがあって、スワ再度妊娠とあせって、ここメキシコにもう長く住んでる斎藤のオバサンに電話をかけた。

「お医者さんを紹介してあげてもいいンだけど、もし万一手術が失敗して警察にバレちゃったらどうするの、ってウチの店員たちがいうもんだから……。

私なんかネッ、その月の生理がなかったら、スグ注射しちゃうのヨ。一度なんかその注射した後、意識不明になっちゃってサ、もう少しでアブなかった。

でも、あんたの場合、もしデキてるとしたらもう二カ月だからねぇ……。あれは生理がない、とわかったら即座にやらなきゃ効かないのヨ。センジ薬？　あれも二カ月に入っちゃったらもうダメよ（メキシコでいう「二カ月」とは、日本でいうところの「三カ月」に当たる)。

キニーネを飲んでも堕りるらしいけど、いま薬局も処方箋がないと、なかなか売ってくれないらしいしねぇ……。

そうだ！　ビールをネッ、温めて五、六本飲んでみなさいヨ、そういうふうにして堕ろしたヒトが実際にいるんだから。堕りなくて元々なんだから、やってみなさいヨ、ネッ！」

イーホレッ！　ビールをお燗して飲むの？　そんなんでホントに堕りるのかなあ……。

好奇心は人一倍のあたしのことだから、お燗ビール堕胎法をやってみないこともなかったのに、幸か不幸か、そのあとすぐに行なった妊娠テストの結果は〝シロ〟だった。

――だがしかし、あの時もしホントに妊娠していたら……。

常日頃、医者といったら歯医者に行くくらいが関の山、クスリも注射も大嫌い、もっぱら玄米菜食とよくからだを動かすことによって健康維持を図っているあたしでも、中絶と聞いたら疑いもなく専門医にまかせるものだと思い込んでいる。

その専門医がやるにしたってゾッとしないことを、当の女自身がやるなんて……、なにやら怖いなあと思う一方で、実はなにやらおもしろそうなかんじもしなくもないのだ。というのは……。

八歳の頃から、あたしは強度の便秘に悩まされていて、死んだ祖母から教えてもらった通じグスリ、「センナ」と呼ばれる草のハッパに熱い湯を注ぎ、そのさましたのを寝る前に必ず飲むのを永い間習慣にしていた。この通じグスリは、かなり強いものらしいが、慢性化した便秘症には、ちょうどいい具合に効いた。

ところが、メキシコに来て妊娠して、その初期の頃、それまでひとつかみですんでいたセンナの量を、二倍三倍にふやして服用してみても、なぜかぜんぜん効かなくなったのだ。

こりゃまたどうしたのだろう、といぶかっているうちに、妊娠四カ月目くらいになってから、またなぜかクスリが効き始めた。奇々怪々。なに故こんなふうな事態が起きたのか、とあたしなりに考えてみるに、確か便秘のための通じグスリは、また堕ろしグスリでもあって、江戸時代「中条流」を名乗るその道の専門家たちは、薬草を何種類か組み合せて、堕ろしグスリを作り用いていた。おぼろげなる記録によれば、「センナ」なる通じグスリは、かの堕ろしグスリの中に含まれていた薬草のひとつではなかったか。

思うに、妊娠二、三カ月の頃といえば、妊娠全期を通じて、もっとも流産しやすい時期だ。それ故、それ一種類では効き目は微弱ではあるにしろ、本来堕ろしグスリとしても有効な「センナ」のキキメを無にするなんらかの働きが、からだの中から自然にでてくる仕組みになっているのではあるまいか。

というのは、子を孕んだ女のからだの「自然」は、万難を排して産もう産もうとする方向へ、その全機能をあげて進もうとするはずだからだ。あたかも芽吹いたばかりの種子が、生きようとする生命の「自然」に励まされて、わずかな日の光を見出しては、そのほうへいっせいに頭をめぐらすように……。

堕ろしグスリというのは、その産み育くもうとする、生命の力を押し切るだけの強さを持ち、かつ生の根本を断ち切らないようなものとして、何種類かの薬草を組み合せつくるのではあるまいか。すなわち胎児を堕ろしはするが、女の生命までは奪わないようなものとして――。

とにもかくにも、それまでよく効いていた通じグスリが、妊娠初期に突如として効かなくなった事実を、そのように解釈することで、あたしは逆に、なるほどこの世の中には、草の葉や木の根によって子を堕ろす方法が存在するのだなあ、と実感した。というのは、それまでにも漢方薬による堕胎の方法が、中国あたりにはあるそうだと聞いていたし、日本の古い文献にも、それに似た記述を見出していたから――。それ故、なんだか怖いなあとは思ったけれど、医者をアテにできない状況の中で、メキシコの女たちが実にさまざまな方法で、堕胎を試みているらしい事実を知って、あたしのその方面に対する関心はにわかに高まっていった。

その後、堕胎に関するさまざまな事実を知るほどに、それまでどうも、漠然としていて、足場の定まらなかった、メキシコという国に対するあたし自身の認識もまた、当然のことながら少しずつハッキリしていって、結局のところメキシコの中絶について語ろうとすれば、メキシコの国そのものについて語ることになっていったのだった。

オムツを生理綿の代りに

今のアパートに初めて越して来た時、まわりの住人がことごとく白い肌のメキシコ人だったのにはビックリした。居間と二部屋だけの、小人数の家族が住むに手頃な間取りで、戸数三十ほど、小綺麗ではあるけれど、どう見たってそれほど大したアパートじゃない。

建ってる場所だって、その前を通ると必ず「いま何時かね?」と聞いてくる乞食がいたり、トルティヤ(トーモロコシの粉に石灰をまぜて丸い形に焼いた、こちらの主食)を買いに行く子どもが脇を走り抜けて行ったりする、メキシコシティのごく普通の町の一角で、閑静な住宅街なんかじゃ決してない、にもかかわらず、住人の全てが白人で、こちらでもモレノと呼ばれる褐色の肌の人たちは、例外なくシルヴィエンタ（女中）だったり、門番だったりするんだから……。

この程度のアパートですらこうなんだから、瀟洒《しょうしゃ》とか優雅とか豪華とかいう言葉のあてはまる〝高級〟な場所においては、もういわんやおやのコンコンチキだ。乗ってる車といい、高そうなレストランでくっちゃべってる姿といい、垣間見るたびになるほどここは貧（モレノ）と富（白人）の激しい国なんだ、と確認の連続で、来た当初なんかやたら疲れた。

五千八百万といわれるメキシコの今の人口が、まだ五千万だった頃の調査では、全人口の十％が白人で、六十％が混血、原住メキシコ人〝インジィオ〟は三十％、という構成比になっている。時に結構色の白い若者が、手押し車でコーラの瓶を運んでいたりするから、数の中にゃビンボーな「白」というのもいるかもしれないけど、そんなのは数少ない例外ってかんじで、十％の白とわずかな数の混血が、この国の中流階級以上を構成してると思って、ほぼまちがいない。

しかも、メキシコ人の金持ちというのは、家をロココ調だかチンコロ調だかでこれ見よがしに飾り立てたり、子どもたちをスイスやフランスに留学させたりといった、一応あたしたちでも想像のつく程度の金持ちで、それ以上となると、白人は白人でも、ユダヤ人とアメリカ人、ドイツ人、アラブ人（は色が白くないけど）、といった外国人がほとんどで、彼らのその生活ぶりときたら、もう我らが想像を絶するものだ、というからなにやら聞くだに恐ろしい。

ソナローサ（メキシコシティ随一の高級ショッピング街）あたりの街頭で、ガムを売り歩くハダシの子どもたちを、野良犬を見やる程にも見てない目付きで通り過ぎる連中。その白い顔に埋め込まれた青い〝ガラスの目玉〟をば、もしウチの母あたりが見たならば「お前、メキシコってところは、敗戦直後の日本みたいなところだねェ」とか申すに違いない。

一方の極端が想像を絶するものである以上、必然、もう一方の極端——最下層に蠢く人びとの、そのビンボーぶりというものもまた、我らが想像を絶する世界だ。

それでなくったって、旅行者と見ればひときわ哀れな女乞食とか、信号待ちの車の窓ガラスを、勝手にササッと拭いては、なにがしかの金をせびる少年たち、ハゲチョロの家庭用体重計を地面に置いて、終日ノンビリとそれに乗ってくれる客を待ってる中年のオジサン等々、街の風景としてメキシコの貧困を見てる限りにおいては、そのしたたかな根性に感心したり、ヘェーと驚くのが先で、まさにメキシコの現実を見てるにもかかわらず、ナゼかそれほどのリアリティは持ち得ない。といっても感心したり驚いたりしてるうちは、まだメキシコ滞在も日が浅い証拠だ。人は〝空気〟に感心するか？　驚くか？　ただ、それを掴んで見せろといわれた時に、ハタと困惑するだけだ。

その困惑に打ち勝って、貧困っていうのは、モノを食べる際の目付きの違いであり、泥酔であり、子沢山であり、朝通り過ぎる際に目にした、することもなく軒にたたずむ人影が、夕方通ったらまだそこにあった、というようなことであり、女を見る際のひときわ物欲しそうな目付きであり、いつ行ってもウンコのあふれた便器であり、年より老いた顔であり、ひとつベッドに親子五人が固まって寝ることだ、というふうに語り得たとしても、見てきた衝撃のドキュメントをトクトクと話すのとどこが違うか、それならば。〝見る〟ということと〝知る〟ということの間に横たわる遥かなる距離……。

それでも、今までそれらしき空気の匂いを、手のひらに嗅いだことが、一度ならずあった。一昨年子どもを産んだあと、一時雇っていたシルヴィエンタ（女中）が、ウチの子のオムツを一枚二枚と盗むので、彼女、子どももいないのに、なんでまたオムツなんか盗むんだろうと不思議に思っていたら、なんとまぁ盗んだオムツを生理綿の代りに使っていたのだ。

日本でも、明治生まれのあたしの母は、生理がくると、それ用の布地を洗っては使い、洗っては使いしたものサ、と語っていたけれど、その昔話がいま生きているのが、メキシコの〝貧困〟というものだ。

——さて、資本主義の国はどこだって、金持ち天国と相場が決っているけど、ここメキシコは人々がこぞっていうに、金さえあればこんないいとこはないそうで、交通事故も傷害も金さえあれば罪にはならない、という、まさに金が正義のお国柄。

こういう国じゃ、たとえ中絶が非合法であろうとなかろうと、中産階級以上の連中にとっちゃあまったく関係のない話で、ヤル気なら隣のアメリカまで飛行機で飛びゃいいんだし、国内でヤル場合だって五千ペソ（七万五千円）も出しゃオンの字だ。その筋へ支払うワイロもちゃんとお値段の中に含まれているから、万が一にもパクられる心配はないし、欲に目のくらんだ医者というのは、案外腕のほうは確かなものだし。

それに対して、ビンボー人はいったいどのようにしているのか。調査によれば、中絶をしたメキシコの女の七十％は教育の水準が非常に低く、その上収入が政府の定めた最低基準よりさらに低い者が八十%にものぼるそうだ。

〈ホセフィナの場合〉

彼女は三十二歳の寡婦で、十歳から二歳までの八人の子持ちだ。最近〝更生に向けての女性刑務所〟で一年間服役した。

――私の夫は、あることの紛争中に、村の人々からナタでもって殺された。私は村に残りたくなかったので、子どもたちを母に預け、シルヴィエンタとして働くためにメキシコシティに来た。その時すでに私は妊娠していたが、子どもを産んだら雇い主は私を追い出すにきまっているし、村の人がなんていうかと思うと、産むことはできなかった。

そのような状態でいる時、前の家の女中が、もし堕ろしたいんなら床ブラシをガマンできる限りからだの奥へ入れなさいと、教えてくれた。

雇い主たちが外出したある夜、私は私自身を救うために床ブラシを捜した。それを入れたカンジは、たとえようもなくイヤなものだったが、私は奥へ奥へと押し込み続けた。

遂に子どもが堕りた。その死体を焼こうとボイラーの中へ入れたところで、私は気を失った。雇い主が帰って来て私と子どもを発見した。彼らは救急車を呼んだ。そこで私の罪は公となった。

まさかメキシコのビンボー人の全部、こんなふうに堕胎してるわけで決してない。しかし、メキシコにおける中絶の問題は、極めて「貧困」の問題であり、そうであるが故に、この国においては「堕胎罪」でパクられる心配よりか死ぬ心配のほうが大きいんだ等の、メキシコの闇中絶問題の核心が、〈ホセフィナの場合〉において問わず語りに語られている。

女の性のお目付け役

メキシコは、三十一州から成る合州国で、各州がそれぞれ独自に「堕胎罪」を制定・機能させている。首都メキシコシティの場合、刑法（El Código penal para D.F.）の一部を構成するものとして「堕胎罪」があり、今から四十年前につくられた法律だというから、そう歴史は古くない。その詳細は――、

（一）中絶を自ら行ったり、医師やその他の者によって行ってもらった女は、一年から五年の罪。

（二）中絶の便宜を図った医師やその他の者に対しては、①その中絶が女の同意のもとに行われた場合は、一年から三年の罪。②同意ナシの場合は、三年から六年の罪。③同意ナシでしかも暴力が加わった場合は六年から八年の罪。

（三）中絶を女に施した病院や外科医、産婦人科医、産婆などに対しては、二年から五年の就業停止が付加される。

「グァダルペの奇跡」で知られるメキシコは、世界有数のカトリック国であり、なんと国民の九十％がその信徒だという。

カトリックと中絶禁止措置との深い関わりについては、今さらいうまでもないことだ。しかし、

カトリックの国だから「堕胎罪」があるんだ、と簡単に結論づけてわかった気になってはマズイ。カトリックなんて、曾野綾子に三浦綾子くらいしかいない日本でだって、明治十三年につくられた古色蒼然とした「堕胎罪」が、未だに落ち窪んだマナコを光らせているのだから。

どこの国の「堕胎罪」だろうと、その根本を牛耳っているのは、女が乱れれば世の中乱れる、故に女の肉体は国家によって管理されなければならない、とする考え方だ。つまり、「家」の継承は父が母を通じて産んだ子によってなされる。だから勝手に女に子どもを堕ろされたり、また逆に秘かに「私通」の子を産んだりされたんじゃ父権制の家族制度にヒビが入り、ひいては国が乱れてしまう、そうあってはならじっていうんで登場するのが「堕胎罪」で、いわば女の性のお目付け役だ。

その発想の根本からいって、ケッタクソ悪い！　のひとことに尽きる法律なのに、メキシコのそれときたらまた特別露骨だ。

というのは、〝罪〟を犯した女は一年から五年の罪」を受けるべきだといっておきながら、「その女に〝悪い噂〟がなく、中絶のその時まで妊娠していることを隠し通し、しかもお腹の子が〝私生児〟である場合は、六ヵ月から一年の罪」と大幅に減刑される仕組みになっているのだ！

つまり、子どもを堕ろしてはならない、というタテマエは、あくまで正式の結婚によって産まれた子どもを堕ろすな、ということであって、それが父権制の家族制度を乱すところの「私生児」ならば、堕ろした女は殊勲賞。「堕胎罪」と名乗っておきながら、「私通」の結果デキた子は、できるなら堕ろしたほうがいいんだと、暗にすすめているメキシコのそれは、正直といえば実に〝正

とだ。

直〟な「堕胎罪」だ。

いや〝正直〟にならざるをえないのかもしれない。それほどここには、父を持たない子どもたち――「私生児」と呼ばれるそれが多いのだ。ということは、つまり「未婚の母」が多いってことだ。

メキシコ名物〝マチズム〟

男だったら誰でも、女という女の総てと一度は寝てみたいと心の底じゃ考えてるのサ、とさも知ってるふうに男の心理とやらを解説してくれたのが昔いたけど、女と見れば粘っこい目付きで迫ってくるメキシコの男たちを見ていると実際そんな気がしてくる。

いい年をした街頭の靴磨きのオッチャンが、ブラシを握った手は休めずに、顔だけ上げて「ボニタ！（キレイ子ちゃん）」などと前を通る女たちに声をかけたり、公園で一服しようとタバコを取り出したとたん、横でマッチがすられて「どこから来たの？」

そのタイミングの良さといい、テレることなくひるむことなく、あのチビでダメならこのデブでいこう、東京がダメなら大阪があるサ、とばかりに下手なテッポーを撃ちまくるそのファイトといい、さすが〝その道〟にかけては、かのイタリア男と並び称されるだけのことはある。

――ねェ、メキシコの男っていうのは、〝楽しいアマンテ（愛人）〟にはなれても、〝いい夫〟にはなれない人たちなんじゃないの？　いつかタクシーを走らせながら、運転手とムダ話に花を咲かせていた際に、なにげなくそんなコトを口走ったら、初老のその男、吹き出しながらいうように

「nunca, nunca（決して、決して）」

強い否定をあらわすnuncaを二つも重ねていうからには、その男、〝いい夫〟なんてもんに金輪際ならないのが、俺っちメキシコ男っていうもんサ」と自慢のハナを蠢めかしたかったのに相違ない。

そりゃあたしだって、他人《ひと》サマに賞められる〝いい妻〟っていうのになろうたって金輪際なれないほうのクチだから、〝いい夫〟になれ、とはいわない。しかしどうしてメキシコの男っていうのは〝並みの夫〟にすらなり難いんだろうか？

ここメキシコじゃ「夫がまったく家事・育児を手伝いません、日曜日は自分だけゴルフに行ってしまうし」なんていう不満は〝高級〟もいいとこで、夫が同じ町内に二人の愛人を持っている、アル中で酔って帰ってはズボンのベルトで妻子を殴る、子どもが八人もいるのに金をまったくくれない、とかの〝家庭悲劇〟が、それこそもう足の踏み場所もないほどひしめきあっているところだ、ここは。

日本にいた頃、あたしは〝マイホームパパ型〟の男が大キライだった。着古したダスターコートの肩のあたりにフケを散らしたまま、スポーツ新聞を読みふけっているような男を電車の中で見かける時、たとえどんなに〝家庭的〟な妻子にやさしい男だとしても、こんな男イヤだわ、と露骨に嫌悪したかつての己れ……。アクビ噛み殺しての〝庶民の日常〟とやらを、〝あなたっていいヒトね、でもただソレだけ〟というような男と形づくるくらいなら、たとえ満身創痍の憂き目に会っても、絶えずハラハラドキドキさせられる男、金輪際〝いい夫〟にはなりそうもない男と、してやったり、やられたりしながらも生きたいものだ、と想うからこそ来てみたメキシコ。しかし、常に血湧き肉躍ってる、金輪際〝いい夫〟なんかにゃならない〝野生の男〟にあこがれる気持っていうのは、いってみりゃ良家の子女として産まれた、未だ処女の高校生が「娼婦っていうの、あたしやってみたくって」などと幼く口走るのにどこか似ている。野生だの、ロマンだのいっているうちはいいけれど……。

あたしは貧困の極を知らなかっただけではなく、こちらでマチズムと呼ばれる男権主義のその極もまた、知らなかったのではあるまいか――。そう思えてくるほどに、こちらの男ときたら、女を騙しちゃそのご機嫌をとり、ご機嫌をとったあとはまた騙すのくり返しばっかりで、およそ反省するということがない。

といっても無論、いって聞かせりゃスグいうことをきく〝女に理解ある男〟っていうのと、〝手前勝手で横暴な男〟っていうのとは、本質論からいえば五十歩百歩。〝父権制〟という名のレコードの、まん中にイバって身を置こうと、スミのほうに遠慮がちに身を置こうと、共に回ってることには変わりゃあしない。

しかしなのだ。クサイ譬《たと》えで悪いけど、秘かにバレないようにオナラしてるのが日本の男どもだとすれば、メキシコの男どもはまさに傍若無人にソレをブッ放してるってカンジがするのだ（ムロンどんなふうにやろうとも、女にとっちゃ臭いことには変わりないけれど）。

つまり、今の日本じゃ、男があっちこっちに女をつくったり、生活費を全部飲んでしまうというようなことは、決して賞められたコトじゃない、という認識が、世の〝常識〟として作用していて、それが男どもの〝暴走〟をくい止めてる面がずいぶんあると思うのだ。時にそれが人々に欺瞞を強いるとしても、だ。〝着替えの間漂うは、私の知らない移り香だヨ〟というようなことがあれば、日本の男どもは一応言い訳をとりつくろおうと努力する……。

ところがここじゃ、女なんか複数持って当り前、自分一人だけいいモノ喰っていい服着て、イザ子どもが病気になったら医者に見せる金がない、といった父親は別に珍しくもなんともない、それでもマア、月々なにがしかの金を渡してくれるんなら、マシなほうじゃないかしらねェ、といった状況こそが〝一般〟なのだ！

むかしフリーのライターをしていて、それじゃ喰えないっていうんで、今は小さな印刷工場を経営している友人のオスカル氏は、メキシコ男には珍しいモラリストで、あっちこっちに女をつくっちゃ、それぞれの女に子どもを産ませ、しかも金はよこさない、というような男を取り締まる法律を、是非政府は作るべきだというのが私の持論なんだが、どう思うかね、というんでウーンと思わず答えに窮した。

女蕩しと帝国主義

法律で取り締まるなんて、あたしの好みじゃないけれど、しかしそういう意見が飛び出すのもわからなくはないほど、ここはあまりにも〝悪い男〟が多すぎる。

――それというのも、今から四百五十年前に、メキシコの古代文明――アステカ王国を滅ぼしたスペイン人、エルナン・コルテス一行は、侵略していく途中、いや、した後も、手あたり次第現地の女を凌辱しては捨てていった。また部族の長たちも、その服従の意を表わすために、競って実の娘たちを彼らに献上したりした、というような歴史の結果として、今のメキシコ男の対女性観があるのだ、と知り合いの日本人学生が解説してくれたけど、なんか話がうまくできすぎてる感じで、信用できない。

それをいうんなら、スペインの侵略を受け、完膚なきまで敗北したかつてのメキシコ現住民たちにとって、唯一生き延びる道というのが、顔の色、目の色、髪の色、ことば、風俗、習慣、文化と、すべてまったく異なる異民族に、ひたすら同化していくこと、つまり己をもって己れが民族の根を断ち切ることによってのみ生き長らえることができた、という世界史の中でも類がない、その苛酷極まりない歴史が、今日のメキシコ人の、その存在不安、劣等感、無力感などの根本に在って、それ故メキシコ名物〝マチズム〟もまた、極めて暴力的な激しさを帯びる結果とあいなるのではあるまいか。

関わる女関わる女に自分の子どもを産ませ、「コレ、俺の女」と焼印を押したつもりになってる、その優越意識というものは、まぎれもなく非常なる存在の不安や劣等感の産物だ。そして、男どものその存在不安の強さこそが、捨てられたことにもめげず、たくましく自力で子どもらを育てていく数多くの「未婚の母」たちの、その母系的強さを裏返し的に産みだしているのではなかろうか……。

個人的好みの問題からいえば、あたしは〝いい夫〟になれちゃうような男より、〝楽しいアマンテ〟としての可能性をもっている男のほうが、やっぱり今でも好きだ。

それに〝楽しいアマンテ〟にはなれても、〝いい夫〟にはなれない、ということが即、その男のダメさを表わすことにはならないはずなのだ。ならないどころか、それはある種の資質の優秀さをこそ想わせる（たぶんその資質とは、〝エコノミック・アニマル〟になり得る資質の、ちょうど真反対に位置するものとしてあるだろう。それ故、あたしを含めてメキシコに滞在している多くの日本人は、しょっちゅうメキシコ人の悪口をいいつつも、なぜか去り難い魅力を心の中に抱え込んでしまっているのではなかろうか）。

しかし、資質というのはいつだって環境次第でありまして、〝楽しいアマンテ〟としての資質が花開くのは、〝腹満ちたあとのやさしさ〟の中でだ。

反対に五ペソ、十ペソをめぐって、人々がイガミ合わなければならない暮しの中では、〝楽しいアマンテ〟としての資質なんて有害無益、どううまく舵をとろうとも、マイナスの方向にしか進み得ないものなのではなかろうか。

それにもとより〝楽しいアマンテ〟というのは、〝やはり野におけ、レンゲ草〟の類いで、それを耕された一夫一妻制の畑に植えつけようというのが、そもそも無理なことなのだ。

つまり、家族泣かせのアル中や、暴力亭主、極端なエゴイストｅｔｃのダメなメキシコ男というのは、実は世が世なら〝楽しいアマンテ〟として開花したであろう資質の、そのなれの果てではあるまいか。

スペインの侵略は、アメリカ、ユダヤ、ドイツ、日本ｅｔｃからの侵略として、今日に続いている。それが大多数のメキシコ人に五ペソ、十ペソでイガミ合う生活を強いている。

どうあがいたって先は知れているんだ、こうなったらオモシロオカシク女でもひっかけて暮すに限るサ……。街で声をかけてくる男たちのその大半が、色の白くない男たちである理由、つまり〝楽しいアマンテ〟になるところが、単なる安っぽい〝女蕩し〟に移ってるところの理由は、まぎれもなく「貧困」にあり、つまるところ「帝国主義」の問題なのだ。

ラジオのスイッチをひねれば、それこそしょっちゅう「セニョーラ（奥さん）産むか産まぬかはあなたが決めることができる。もよりの病院へ行きなさい」と呼びかけていて、聞けば希望する女に、ここでタダでリングなどの避妊を施してくれるんだそうだ。この特典は首都メキシコシティの場合だけかもしれないが、一応政府もかようにガンバってはいる。

しかし、にもかかわらず、千三百五十万人といわれるこの国の出産年齢人口のうち、避妊している女は、〇・八％〜十％程度。そして中絶をせねばならなかった女の半分は、〝すでにたくさんの子どもを持っているから〟という理由をあげている。

女に、自分の子どもを数多く産ませることで「オレ、男！」の優越意識を味わおうとするマッチョ（男権主義者）の存在こそ、〝人殺しや盗みや交通事故より多く、「犯罪」の第一位を占めている〟ところの、メキシコの闇中絶のその根本の原因である。

そしてまた、自分が女という女の第一番目の男になりたいがために、処女をウルサク女に要求する、といったマチズムの別の側面が、世間の前にあやまちをかくすための中絶を産みだしてもいるのだ。

〈マリアの場合〉

十八歳。メルカド（市場）の売り子で未婚、イロハのイの字も知らないまったくの文盲。事件当時アルコール中毒の父親と彼の愛人、そして四人の男兄弟たちと一緒に暮していた。

――あの頃、私はいつも眠たく、またからだがだるくて仕方なかった。ある日、酔っぱらったパパが私をヒドく殴った。私に働く気がない、といって。

翌日、顔が腫れあがるほど殴られた私を、他の屋台店の売り子たちが見て、なにが起きたのか知りたがり、また私のからだの状態をたずねた。そして私が妊娠していることを教えてくれた。私はどうしたらいいのかわからなかった。もう私のお腹は服の上から見ても目だつほどになっていた。

一人の女友だちが、ある女のひとのところへ私を連れていった。しかし彼女は、もう月が経ってしまって、自分はどうすることもできない、といって、「探り針」を使って堕ろす方法を教えてくれた。

それを手に入れ、ある日家に私ひとりだった時、私は試みた。もの凄い痛みに襲われたが耐え続け、遂に子どもが堕りた。あとをキレイにして、新聞紙に子どもを包んだ。そしてそれを近くの荒れ地へ捨てた。しかし、その場所でブタを飼っている人びとがいて、彼らのブタが私の子を食べたため、彼らは警察にその事実を知らせた。

警察の捜査が私の家まで及んだ時、私の使っているマットレスの下から血の付いたボロが発見された。警官は大声で口汚く私をののしり、すべてを白状せよと迫った。隣りの部屋にはパパがいた。そこで私は考えた。もし真実をいえば、警官は私を連行するに違いない。しかしもしいわなければ、私はここに残り、パパが私を殺すだろう。私は真実をいうほうを選んだ。

中絶非合法国

さて、女という女のすべてが、清潔な病院で、合法的で安全な堕胎が受けられるようになったとしても、それをしないですむならそれに越したことはないのであって、経済的に産める社会、精神的に産む気になれる社会をつくっていくとともに、避妊（とくに男の）の開発に全力をあげるべく、世界じゅうがガンバラねばならないことはいうまでもない。

それを前提にした上でいうに、たとえこの先どこまでも行っても〝必要悪〟としてのそれであろうとも、もし堕胎が禁止されたならば、子を堕ろす悲惨以上の悲惨が現出するのは必至なのだ。先のホセフィナの例、そしてマリアの例にみるがごときの――。

もっとも最初に指摘したように、彼女らの悲惨は、「堕胎罪」故のものであるとともに貧困とそれに伴う無知故のそれである。つまり、金さえあればスマートに切り抜けられた悲劇を、ビンボー人はまるで血の海の中をのたうちまわるような、まさに生きながらの地獄を我が身に移して苦しむわけで、こういう例をたまたま知ると、ナルホド、「中絶非合法国」というのは、このような凄絶な悲惨を生みだすものなのか、と顔をそむけつつもなにやらわかった気になりがちになる。

しかし、いくら「中絶非合法国」であったとしても、ビンボー人階級の女の皆が皆、子宮に針金のようなものをさし込んで、子どもをひっかき出してた日には、こりゃえらいことになる。貧すれば鈍する女がいる反面で、貧してる分だけ頭を働かせる女もまたいるわけで、例えば友だちのアンヘリナもその一人。

彼女は、女蕩しは法律でパクれと主張する、例のモラリスト氏の女房で、年は三十五歳前後、彼氏との間に、なんと十人もの子どもがあって、そのくせ夫妻ともカトリック嫌いという点が、なんとなく話のツジツマが合わない感じでおもしろい。

彼らはテツココ湖を埋めた上に現出した、メキシコ市郊外の、一大ビンボー人街に、もう十六年ほど住んでいて、その決して豊かでない生活ぶりにもかかわらず、夫妻子どもして実に思いやり深く、品よく、教養も深く、そのことだけでも、日頃充分こちらはオドロいているのに、かのアンヘリナはあたしの質問に答えて、十七歳の長女とお互いうなずいたり、補足し合ったりしながらかくの如く自分の中絶体験を語ってくれたのだ。

「三女が産まれたすぐあとだったワ、あれは、年子でできちゃって、それで一度だけ中絶したことがあるの。知ってるでしょ? テェ(te = 薬草を煎じたお茶)を? アレを朝食に飲んで二十四時間後に出血があったんで、セグロ・ソーシャル(社会保険)の病院に行って、流産のあと始末をしてもらったの。

値段? そうテェの薬草を買うのに十ペソ(百二十円)くらい払ったかしら。病院のほうはむろんセグロ・ソーシャルだからタダだった。

そういうテェがあること、もちろん女たちはよく知ってるわ、きのうあのヒト堕ろしたんだって、なんて立ち話をよくしているから、そういう形で自然に若い女たちも万一の場合どうしたらいいか、覚えていくみたいヨ」

絶対に処女と思える、ハニカミ屋の十七歳の娘を前に、ごく自然な態度で己れの中絶体験を語るありさまに、さすがここは日本の五倍近くの広さを持つ国だ、無知まるだしで危険極まりない堕胎を行う女たちがいる一方で、かくもススンでいる女たちもいる！　とあたしは何やらいたく感じたものだが、サテ、日本の国民健康保険にあたるセグロ・ソーシャルの病院が、人工流産、つまり中絶をタダでやってくれる、ということを、この時あたしは初めて彼女から知らされた。

それは実に興味ある事実——中絶非合法国において、ビンボー人たちがタダで、合法かつ安全なる中絶をモノにしているという、実にウレシクなるような事実と結びついてあるのだが、それを語る前に、民間薬として広く普及しているテェなる堕ろしグスリについて、知り得た事柄を記しておきたい。

甘党、辛党向世堕胎法⁉

メキシコのどこのメルカド（市場）でも、民間薬を商っている一角が必ずある。雑草をそのまま ひっこ抜いてきたような草の束を、幾種類も雑然と並べて売っているからすぐわかる。

以前雑誌で読んだ中絶用のセンジ薬、teと呼ばれるそれは、十種以上の薬草三キロに二十リットルの水を加えて、それが三リットルになるまでトロ火で煎じたやつを、出血をきたすまで三日にわたたって飲み続ける、という内容のものだった。

長い年月をかけて確かめられた〝科学〟でありながら〝化学〟ではないので、確実で極めて安全だという説と、それぞれ強力な作用をもつ薬草――心臓の衰弱をもたらすやつとか強力な吐剤とかの――を十種以上もとり合わせるので、まったく危険がないわけじゃないという二説があって、女たちに聞くと皆が皆、te は危険がない、というので、まあ体験者たちがナイというんだから、ホントにナイんだろうと思いつつ、疑問が残った。

アンヘリナの中絶体験を聞いてその疑問のいくらかが解けた。te, te とひと口にいっても、いくつかの種類があったのだ（どうも各地に特産のそれ用の te があるらしい）。

彼女が教えてくれた te は、薬草一種類だけを用いる方法で、〝「ヘンルーダ」という草の煎じ汁を、テキーラ、メスカルといった強い酒と一緒に流し込む〟〝「人参のシッポ」と呼ばれる草の煎じ汁を、黒砂糖水と一緒に服用する〟といった、辛党にも甘党にも向いた方法で、私はこの方法で堕ろしたんだと彼女がいうのでなければ、お燗ビール同様、こんなんでホントに堕りるのかなぁ、と疑ってしまうような、一見ひどくたわいのない中絶法だった。

使う薬草が一種類だけだから、十種以上組み合わせてそれだけで堕ろそうとする te に比べて、薬効はズーッと弱い。流産の初期症状をひき起こすだけで、胎児は完全には堕りない。故に、医者の手助けが必要なわけだ。そしてまた、医者の手をわずらわせることで、この中絶法は〝合法〟完全犯罪となる。実はこれがこの話――甘党辛党向け堕胎法のクライマックスなのだ。

州ごとに制定されているメキシコの「堕胎罪」には、また州ごとに免罪規定が設けられていて、メキシコシティの場合、〝非常に重大な医学上の理由で行われた中絶〟と、〝裁判によって確かめられた暴行による妊娠の場合〟にのみ免罪する。ということは、teで流産の症状をひき起こしといて、「階段から落ちました」と病院に駆けつければ、〝非常に重大な医学上の理由〟による合法中絶が受けられるわけなのだ。

といっても、もしその病院がセグロ・ソーシャルでなければ、こんな手間ひまはまったくいらない。セグロ・ソーシャルの病院というのは、いわば公立病院で、安全で確実な中絶を政府の金を使ってタダでやろうとするから、階段から落ちて流産しそうなんですなどのウソが必要なんであって、それがもし金のかかる私立の病院ならば、逆に病院のほうがウソをついてくれる。

すなわちその道の専門家である医師が、〝非常に重大な医学上の理由〟でもって、自分は患者に中絶を施したんだと証言すれば万事すむことで、表向きは堕胎を厳しく禁じてる法が、かように裏でザル法と化すそのあたりのカラクリは、日本の場合とまったく同じだ。

というのは一見中絶が合法化されてるかのような日本においても、前述のように刑法「堕胎罪」は今だ健在で、①何人も　②胎児を　③どのような理由があろうとも　④どのような方法によっても　⑤堕胎してはならない、と威丈高に断じる「堕胎罪」の、いわば例外規定としての「優生保護法」が、身体的、優生学的、経済的理由にもとづく中絶のみを許可しているにすぎないのだ。しかもその三つの理由が本当かどうかを判断するのは、もっぱら現場の医師の役目ときちゃ、非合法国メキシコにおける〝合法中絶〟、病院で行うそれとなんら変わりがないではないか。

そう思って調べてみると、なんとチワワとユカタン州の「堕胎罪」は、〝優生学的理由〟と、〝経済的理由〟にもとづく中絶を完全に免罪していた！　つまり非合法国メキシコの一部じゃ、すでに日本とまったく同じ程度に中絶が合法化されているのだ！

しかもなのだ、「堕胎罪」のために、一年間に何人くらいのヒトが法の裁きを受けているのか調べてみたら、メキシコシティの場合、なんと一昨年一年間で起訴されたものはたったの十人に過ぎなかった！（それも死んだ三人の女たちを通じてバレた〝犯行〟だという）。そしてまた、実際に「堕胎罪」の罪で刑務所に入れられた女は、ここ四年間のうち全国で十人を数えるにすぎない！（その女たちの中で、中流及び上流階級に属する者は一人もいなかったそうだ。医者のもとで中絶した女もまた！）。

家父長制のイデオロギーで女を縛り、もって国家安定の人柱となそうとするヤカラにとって、「堕胎罪」という法律は、存在するだけで充分意味のある法律だ。すき好んで堕胎するヤツは誰もいないのに、「堕胎罪」の存在は堕ろした女はいけない女、女は産むもの、子産み子育てこそ女の道だと、暗黙の強制をかけてくる。

そうである以上、パクられる人間が極めてわずかであったとしても、実害の少ないものだからまぁいいじゃないの、というわけには決していかない。へェー、日本にもまだ「堕胎罪」なんていうのがあったの、でもまあ、問題なく中絶できるんだからいいじゃないの、というわけには決していかないのと、まったく同じ意味内容において、メキシコの「堕胎罪」は、撤廃されなければならないのだ。

闇中絶

現在、メキシコのヤミ中絶の三十一％は病院で行われている。手術の相場は安くて千五百ペソ（二万二千五百円）、普通で三千（四万五千円）、高くて五千（七万五千円）といったところだ。病院でやる分には問題がない、といわれているが、これとても安いのは、自分の診療所を持っていない医師が、勤め先の診療所内の自分の個室でコッソリ行ったりするので、当然アルコールを脱脂綿に含ませてチョチョイと拭く程度の消毒しかできないし、また受付けにいて金を受けとっている女が、スッと抜け出してきて看護婦の代りをしたりするので、危険がないわけでは決してない。

それにまた、こんな危険もここじゃ普通に起こりうる。——ある日本の女子学生が、メキシコ人の友人から聞いて、千五百ペソでやってくれる安い医者を捜し出した。予約の電話をかけようと、前もって渡されていた電話番号等の記されたそこの診療所の処方箋の紙をなにげなく再度見ると、ドクトルの名の下に"CARDIOLOGO"と小さく記されている。これは何だ、と辞書をめくってみたら、なんと当のドクトルは心臓専門医だった。

産婆、もぐり医者、看護婦、薬科大の学生等に頼む場合は、往々にして千ペソ（一万五千円）以下であがる。ヤミ中絶全体の二十五％が彼らの手によって行われている。

次が例の te で、全体の十五％を占める。値段のほうは、te だけで堕ろそうとすれば、多種類の薬草を用いるので百ペソ（千五百円）くらいだが、ただ流産の初期症状を起こしたいだけなら十ペソ（百五十円）も出せばすむ。

teと並んでよく知られている民間堕胎法が「注射」で、これは十四％の女が行っている。しかし注射、注射とよく耳にする割りには、一体どのような注射なのか、どうもハッキリしない。石ケン液や酸素を含んだ水、毛染め用の液体などを注射して、血管に酸素を送り込んだり、胎盤を壊して堕ろすと、ある雑誌に書いてあったけど、まさかそんなことしたら死んでしまうよ（te同様一口に注射といっても、種類があると思われる）。非常にポピュラーな方法なので、かなり安全度は高いはずだが、それでも前述の斎藤のオバサンみたいに、意識不明の危険に遭遇するひともいる。そしてまたteと注射は共に、「生理がない！」とわかったら、間髪を入れず行うのでなければ役に立たない。

残りはキニーネのような昔から古く知られた薬による方法（七％）、腹部を殴ってもらったり、階段から落ちてみたり、わざと激しい運動をしてみる（三％）といった順になっている。

この他にも、ホセフィナやマリアが行ったような、床ブラシ、編み棒、カーテンレールなどをさし込んで、子宮の薄膜に穴をあける、ソンダ（Sonda）と呼ばれる草を子宮内に挿入する、といった非常に危険な方法から、錠剤になった中絶薬や、例のビールを温めて飲むといったやり方まで、その方法は実にバラエティに富んでいる。

四つの難問題

前述のように、ここでは金さえあれば〝合法中絶〟を買うことができる。病院で行われる中絶のそのほとんどは合法中絶である。ということは、日本の状況とまったく変わらない、ということであって、じゃあ一体合法国日本と非合法国メキシコとでは、なにがどう違うのかといえば、日本における中絶がほぼ百％病院で行われているのに対し、ここではそれが三十四％にすぎない、というそこの違いにどうも尽きるようだ。

病院でやらずにどうするか、という点についてはすでに述べた通りで、その結果、メキシコでは三件に一件の割で、女たちは中絶に失敗して病院に運び込まれている。そして運よく病院に運び込まれた女のうち、平均十％が死んでいる。大抵細菌感染が原因で。

病院に運び込まれなかった女のうち、何人が死んでるかは、知る由もないが、推定では中絶した女十万人に付き二千五百人が死んでいるといわれている。ということは、年間百万件のヤミ中絶が行われていると仮定して（つまり少なく見積っても）、毎年二万五千人もの女たちが、中絶が原因であたら女盛りの命を散らしてることになる！

これはスゴイと驚く一方で、しかし人間、案外死なないものだナ、という気もする。

例えばデキちゃっても、「一カ月」以内（日本でいうところの「三カ月」以内）なら、teや注射といった、非常によく知られた民間堕胎法もあるのに、先のマリアの例に見るように、この国には生理がなくともその意味に気づかないで、腹が半円形を描き始める五カ月、六カ月になって、あわてて堕ろそうとするような、「無知」そのものの女がゴマンといて、そうなったら医者に頼んだって危ないのに、それを女自らやってしまうのだから、生きてるほうが不思議なくらいだ。

というのは、運悪く死ぬのが年間二万五千人ということで、その何倍か何十倍かの女たちが同じような危険な堕胎法を実行しているわけなのだ。なぜかくも広範に無知なのか？　聞けばメキシシコの人口の六十％は、いまだ住民が一万人以下の村に住んでいて、なんと都市に住んでいない者の半分が、文盲か、それに近い状態でいるという。

毛穴という毛穴がひろがる苦悶に耐えて、ひたすらからだ深く異物を押し込み続ける女たちの、その凄絶極まる子堕ろし図。想像を絶する貧困なるものを想像しようとすれば、まずもって戦慄が身を横切る。

……メキシコにおいても日本においても、「堕胎罪」などという法律は、即刻撤廃されなければならない。それがなされたあかつきには、秘密の部屋で行われる中絶や心臓専門医が施す中絶の類いは、姿を消すだろう。値段も安くなるから、今よりはるかに多くの女たちが、病院の門をくぐることになるに違いないし、例のセグロ・ソーシャルに加入していれば、白昼堂々とタダで安全な中絶が受けられる、とそれなりに明るい展望がひらけてきても、じゃあ一件落着メデタシメデタシ、かといえば、それが決してそうじゃない。

先頃メキシコ厚生省の役人がいうに、なんとメキシコ人の三人に一人はいまだ一度も医者に診てもらったことがないそうだ。ビンボーのためであるとともに、病院そのものがいまだ圧倒的に不足しているという〝お国の事情〟のせいだろう。悲劇的喜劇！　もしも今すぐ中絶が合法化しちゃったら、この国の病院という病院は「婦人専用」と化してしまう！

それに、死んで当然の危険な堕胎を実行する、その大部分が地方に住むところの最下層の女たちは、いうまでもなくこの国において中絶が非合法だから、仕方なくあのような方法を選んだ、のでは決してない（だいたい彼女らは、自分たちの国に「堕胎罪」なんて法律があるなんて、知らなかったに違いない）。

彼女らをして蒙昧《もうまい》の徒と化すところの、貧困故の「無知」についてはすでに述べたが、田舎に行くほど教会ばかりが大きくて立派、といった情景から想うに、女の命を除外したところの「生命の尊厳」と「純潔」を説くカトリシズムの教え故に、デキちゃった、どうしようと、ただオロオロするばっかりで、現実にキチンと対処し得ず、故に安全に堕胎し得る時期を逸する女たちもまた、地方へ行くほど多くいるに違いない。それに国税の八十％が首都メキシコシティで費やされてる現状では、セグロ・ソーシャルなんてシャレたものが、地方の女たちにゆきわたるのも、まだまだズット先のことだ（事実国民の半分がそれに加入してるにすぎない）。

貧困と、それ故の無知と、マチズムと、カトリシズムと……。メキシコにおける合法中絶獲得の闘いは、主要にそれらの四つの難問題との闘いになるだろう。しかし、単なる法的合法化ですら、あと十年はかかる、といわれているのだ。道は遥か、いまだ極めて遥か——。

といってもメキシコはまだいい。これでもこの国は中南米随一の先進国。とするとその隣国の事情は推して知るべきで、聞けば女の子宮そのものを摘出してしまうような「産児制限」が、人口爆発を恐れるアメリカのあと押しで行われているとか。第三世界の中絶の問題は、また著しく帝国主義的支配の問題なのである。


（参考文献は雑誌〝CONTENIDO〟一九七七年1月号）。

［初出『わたしは女』78年2月号、ＪＩＣＣ出版局］

ごきりぶホイホイ

この道ひとすじ　混沌のままに

何処にいようと、りぶりあん

未婚の母がコレクティブで、その子を産み育てるとしても、朝ハラをすかせて泣く子の声に、やむなく起き上がるその人は、十中八九、母という名の女ではないか。

その事実は挫折でも絶望でもなく、単なるリアルな「現実」というやつであって、あたしたちは常にその「現実」からしか出発し得ない。

未来を先どりするはずの空間で子どもたちを育てても、十中八九は母親が面倒をみるハメに陥るような、そんな矛盾をあっちこっちブスブス噴き上げさせつつ、その当然の「現実」に執拗に敗者復活戦を試みようとする女を、女たちへと結んでいく空間として、コレクティブは機能する。

（この道ひとすじ）

［初出「この道ひとすじ」72年10月、リブ新宿センター］

新宿やさぐれブタ箱情話

ナニを今さらおっしゃいますか

「誰だい、九八〇円の万引きをしてカンモク（完全黙秘）しているのは？」「ここヨーッ」。退屈まぎれに取調べ室から愛想よく手をふってみせたら、前に座ってた刑事あきれて、ちょっとキミ、キミはね、ハレンチ罪で逮捕されたんだョ、わかってるのかネ。

まあ、いいじゃないの。人間、思い詰めるより、詰めまいとする努力の方がよっぽど大変なんだから、それに加えてこの憂き世、生きるも死ぬも、右も左も、崇高もハレンチも、今や万事が花占い。ねェ刑事さん、あなたの花びら、あと何枚？

あの日、あたしはジャコメッティの彫刻のように強情だった。金輪際ゴメンナサイなんていうものか！　それが唯一助かる道と、百も承知でそのクソ道を、せせら笑ってやり過ごした。

そしたら、ガンモドキに精液塗りつけたら、こんな顔になります。テラテラギラギラ欲求不満を絵に書いたような、若いオマワリさんが二人、オットリ刀で飛んできた。曰く、

「これから東口交番に連行する」

かくして新宿は二幸まえの交番まで、二人のオマワリに前後をサンドイッチ規制されての、三人ひと組ヤジキタ道中。おかしかったな。途中道をたずねる人がいて、チョット指さしてあげればわかる場所なのに、「いま取り込み中だから、あとにして、あとに」。ボクチャン、ガンバッテル、といわんばかりの尊大さで肩怒らして、オマワリの一人がいい放った（そんなにキンチョーしちゃって、夜中にオシッコもらしなさんな）。

交番でパトカーの到着を待っている間に、うまい具合に、持ってた手紙の何枚か、さしさわりのある部分を破り捨てることができた。破り終ったところに、例のボクチャン、ガンバッテルが顔を出し、落ちてる紙片を見つけて激怒。へヘンだ、やることやっちまえば、怒鳴られようと小突かれようと馬耳東風。というのは実はまっかなウソ。人間、恥辱も度がすぎるとフロ屋の火事、そもそも他人の目なんぞ気にしてる余裕のあるものか。なにしろ新宿東口交番といえば、交番の中の交番、耳目もまたよく集まって、その中を引き立てられてパトカーにバンと押し込まれたのだから、フーッ、思い出しても気が遠くなる。

（誰か知ってるヒト、見ていなかったかナ）。

さて、パトカーの中には、すでに先客がいた。年の頃なら二十二、三、白のポロシャツ、紺のミニ。下からすくい上げるように窺う目付きのイヤらしさを除けば、あそこにも居るここにも居るかんじのその女、実はガードマンならぬガードウーマンで、これから七代までも祟ってやらねばならぬその相手。この女のために、その日八月十八日、あたしは新宿は紀伊國屋まえの「鈴屋」洋裁店において、万引き現行犯として逮捕されたのだ。哀れ、九八〇円のサングラス一個を盗んだ容疑で——。

「鈴屋」での逮捕が四時二十分だったというから、たぶん新宿ケイサツに着いたのは、五時を過ぎるか過ぎないかといった時刻。玄関を入ってスグ左側の部屋が刑事部で、部長・課長・ヒラ一緒の大部屋。その昔、テレビ「七人の刑事」でみたことがあるような、雑然としている分だけ活気がある風の部屋で、隅にタタミ一畳ほどの取調べ室が、そう五、六室はあるかんじ。そのひとつに入れられて、取調べが始まった。

タレ目の、笑うとエクボのできる、憎めない顔立ちの刑事が相手で、年の頃は三十を少しでた位か。「弁解録取書」と書かれた紙を机の上にひろげて、開口一番、自分に不利益になると思われる事柄については、黙秘していいんだよ、と自分でいっておきながら、住所・氏名・事実関係、なにを聞かれても黙秘します、黙秘します、黙秘します……の一点張りに意外な顔して、キミは反戦かなんかやってんの？　黙秘ってことば、どこで覚えたんだい？　前に逮捕されたことあるの？　と矢つぎ早やに聞いてきた。ナニを今さらおっしゃいますか、一に黙秘、二に弁選（弁護士選任）これ、世界のジョーシキ。

そりゃ黙秘というのは被疑者の権利だよ、デモ、そんなコトしてりゃ、一カ月もでられないよ、キミはそれでもいいのか。わずか九八〇円の万引きでつまらないじゃないか。コトと次第に依っては、微罪処分といってネ、送検しないでケイサツ段階でパイにすることもできるんだよ。それには住所・氏名をいって、やったことを素直に反省して……。どうだい、早くでた方がいいだろう。キミの帰りを心配してるヒトがいるよ。それともキミは独身かい、エッ、どうだい、しゃべってみるか？

職業故の多弁か、多弁な刑事なのか、この男、実によくしゃべる。五分に一回ぐらいの割合で、「エッ、どうだい、しゃべってみるか」と合いの手を入れつつ、独白につぐ独白。

要するに「取調べ」というのは催眠術の一種なのだ。オマエはクロだ、クロだ、クロだ……。手を変え品を変え、声高くまた低く、人里離れた密室で、それだけをいわれ続けば、いつか鳩もカラスの仲間入り、呆けてつぶやく悪魔の呪文。クーロイ鳥、小鳥、なぜなぜクーロイ、クーロイ実を食べた。

と、かくいうあたしはクロい「クロ」なのか、シロい「クロ」なのか、タネを明かすにゃ早すぎる。今宵は地の果て留置場で、ひと晩あかすと決めたのだ。一ト晩が二夕晩、二夕晩が三晩、四晩とのびにのびたるソバ屋のウドン、フタをはいだもなにかの困縁、泣けばカラスがまた騒ぐ。

取調べの次は持ち物検査、次にまた取調べ、そして身体検査のあとは写真・指紋をとられて、この日のそれがフルコース。所要時間約四時間半。

それにしても、あの日いいパンツはいてエガったく。虫の知らせか、天啓か、前日急に買う気になったそれを、グイとひっくり返して「生理じゃなかったのネ」、萎びた婦警が確かめた（被疑者が女の場合、身体検査は婦警立ち合いが原則）。人間、他にナニもすることがないと、裸になる位のことでもうれしくて、生理じゃなかったらどうなんだい、なんていうことは、あたしは少しも口にしない。ただひたすら真白きパンツの僥倖をかみしめる。これが、リブ新宿センター共有印のデカパンなんぞを穿いてた日にゃ、主体性も五割方吹き飛ぶかんじで、想えばセンターは内憂外患多事多難、産める社会を！　産みたい社会を！　はけるパンツを！　はきたいパンツを！

一日の終わりは、手首に食い込む手錠の重さ。振り向いたら、髑髏《しゃれこうべ》がひとつ、ウインクしてた……。

ああ喜劇、ああ悲劇

さて留置場の朝は掃除から始まる。六時起床。スグに「房内」を掃いて、拭いて、トイレを清める。トイレは房の中にあって、ドアの代りに横70×高さ60ほどのコンクリートべいが、かろうじて腰のあたりを隠す仕組みになっている。水は看守が流す。使用後「便水おねがいしまーす」と声をかけると、看守は柱時計の下にセットされてるベルのひとつを押す。ベルは三つ、下に「一房」「二房」「三房」と記されてあって、それぞれ四畳半ほどの板の間、「一房」四人が定員の雑居房。

掃除が終ると洗面だ。窓側の洗面所に三つ、風呂場に二つの蛇口があって、そのどれかで口をすすぎ、顔を洗う。タオル、石ケン、歯ブラシの類いは個人個人別で、ヘアブラシは房内備え付けのものを使う。髪の長い者には、短かい紙ひも（こより）が支給される。用のすんだ者から房にもどって正座、朝の点呼を待つ。ここまでを起床後三十分で行う。

七時前に、出入りの弁当屋から朝メシが届く。フタをとるとプーンと臭い外米の銀シャリ、上にタクアンが二切れ。量は小学生の弁当程度で、これに味噌汁が付く。わずかに浮ぶ実は、ナス、ワカメ、キャベツの類い。

昼は、三六五日、上に砂糖が塗りつけてある、ワラジをふくらましてバカバカ大きくした形のパン一個と湯ざまし。して夜の献立は、最初の日がナスのテンプラ一個、その次は肉なしハンバーグ、サバのカラ揚げと続き、それに漬物が文字通り少々付く。一日の食費二二七円也。

取調べか面会かでもない限り、朝食を終えたのちは、十時の運動、十二時の昼食、四時半の夕食を経て、七時には早々と就寝。いわばこれが基本のスケジュール。運動というのは、実は喫煙のための名目で、三畳ほどの部屋に留置人勢揃いして、申し訳程度にからだを動かしたあと、煙草一本が支給される。風呂は五日に一回（夏場）。唯一の娯楽である洗濯は毎水曜日。

さて最初の夜、十二時近くになって、やっと留置場入りを許され、二階奥の、この女子房に案内された。留置人はすでに寝ていた。いや、寝ているフリをしてた。あたしが動くと、檻の中の目も動いた。再度からだを改められてから、「一房」に入るように指示された。「一房」には三人の女が寝ていた。寝てるフリをしていた。隅に寝具が用意されていた。灰色の、チクチクした毛布が四枚、枕には白いカバーがかかってた。

すぐに横になり、目を閉じる。からだは萎えているのに、神経はキリのように殺気立ってる。眠れない。看守が二人、小声で話し合っている。黙秘してるんですって。じゃあ名前がわからないの？　いいわよ、「新宿三号」って呼べばいいんだから。万引き？　そう、たったの九八〇円、バカみたい……。

——明る過ぎる。眠れない。持ってたタオルを顔にかける。ハンカチほどの大きさのタオルで、房に持って入れるのは、これとチリ紙だけ。

「三号、タオルを顔にかけちゃダメよ。ここに書いてあるでしょ」。ここというのは、入口の壁に張り出してある「留置人心得」のことだった。どれどれ。

〈留置場では係員の指示に従い行動すること。寝そべってはならない、喧噪、口論、口笛、歌を禁ずる、留置人同士ことばや態度で連絡し合ってはならない……顔にハンカチ、毛布をかけてはならない〉

――突然、署内連絡用の電話器のベルが鳴る。ビーッ。舟をこいでいた看守が、ハッと身を起こす。受話器をとる。ハイ、わかりました。短く答えて、男子房に続く出入口に向かって、小走りに走る。肩からヒモで吊してるカギ束が、ガチャガチャと音を立てる。中のひとつを取り出して、出入口を開ける。男が一人、もしくは二人連れで入ってくる。星三つ以上のエライさんの「巡視」だ。チラッ、チラッと各女子房を瞥見ののち、書類になにごとかを記入し、いづことなく去っていく。

星三つ以上というのは、主任、課長、部長、調査官、副署長、署長エトセトラだそうで、夜毎の巡視は、いわば彼らの役得、回春剤。

愁いまじりの寝苦しさ、千々に乱れた想いのままに寝返って蹴りあげて、乱れた毛布のチラリズム。と、想像するのはご勝手ながら、あにはからん、女子房は鞭声粛々夜河を渡る。他の房までは見通せなかったけれど、あたしがいた「一房」に限っていえば、夜毎嗜《たしな》むは「女大学」、腰にシッカリ毛布を巻きつけ暑さものかは、女たちは自衛おさおさ怠りない。が、そうであっても男の生欠伸、下司の期待を気のなさそうな素ぶりで包んで、鉄格子の中を覗う。「四十歳以上の男はみな悪党だ」（バーナード・ショウ）。

夜が夜なら、昼もまた然り、さあ皆さん、巡視ですヨ。三番、足をひっ込めなさい。昼夜分かたず一時間に一回の割りでまわってくる巡視とは、視察してまわること。ならばありのままの真実を、ご覧いただくに如《し》くはないのに、ナゼか正座してお出迎えあそばするは「女子房」に限っての、それは規則外の規則。

そういえば、看守をセンセイと呼ぶのも「女子房」に限っての話。「男子房」では担当さんとか呼ばれる看守が……。

新宿署に勤務する婦警は〆て三十人余。中の八人が看守で、二人ひと組で二分の一日を勤務する。看守というのは、いわば雑用係。センセイ、ロッカーから下着をだして下さい。水ください。便水お願いしますｅｔｃ。女たちは、看守が己れの雑用係であることを見越した上で、♪センセ、センセ、それはセンーセイ♪

「娘の義務は服従にある」（コルネイユ）。女たちはセンセ、センセと看守に服従し、女の看守は、点呼ひとつするにも男の上役を仰ぎ、巡視を楽しむおエライさんは、オール男の現実。「服従は服従を求める」（田中美津）。センセ、センセ、それはセンーセイの大合唱、実は看守の聖職意識をあおりたて、くすぐることで、無用なマサツを避けようとする、それは「弱者」のチエなのか？

ブタもおだてりゃ木に登る。悪魔も喜んでいる時は善良だ。

さて話かわって確か三日目のこと、十時に新旧交代する看守の顔をフとみれば、アラエッサッサの大椿事、なんと新しく登場した看守の一人は、我が生まれし家のすぐ前に住むそのヒト。その昔、彼女の家の二階に下宿してた明大生を家庭教師に頼んでた関係で、毎日のようにその看守の家に入り浸ってた一時期があった。女ばかりの姉妹で、中のひとりがケイサツに勤めているとは聞いていたが、まさか、ここ新宿署の看守をしてたとは――。コリャまずい。断然まずい。せっかくガンバって黙秘してるのに、これじゃ問わず語りに本籍地がバレてしまうではありませんか。

できるだけその看守と顔を合わせないように注意して――。といっても、なんせ狭い留置場、意識して顔をそむけたら、余計に目立つかんじで……。ああ、喜劇、ああ、悲劇。

ゴリラもくたばる灼熱地獄

留置場はむろん、拘置所、刑ム所と歴訪した強わ者がいうに、なんといっても留置場が一番つらいよ。本・新聞の類いは読めない、筆記も許されない、食事はマズい、少ない、寝られない……。そして大抵のヒトは便秘に苦しむ仕儀となる。

大体八歳の頃より慢性便秘で苦しんでいるあたしめが、閉めようにもドアがない雑居房のトイレで、いくらガンバったって出るハズがないのです。もうそれは努力の問題ではない。人命の、ヒューマニズムの問題なのだ。それなのに、下痢の薬はあるけど、便秘は病気じゃないから置いてないわ、と新宿署の看守はつれなくいうのだ。あまつさえ、便秘からくる腹痛に苦しむあたしを尻目に、今日は関口係長（課長？）が休みだから、明日にならないと、果たして薬を買っていいものやら悪いものやらわからない。ネッ、あなた、明日になればハッキリするから。いえ、センセ、ハッキリは頭痛の薬。あたしが欲しいのは、飲んでスッキリ、サラリン錠。

関口というのは、あたしの主任刑事だそうで、なんで便秘と主任刑事が関係あるンだろうか。科学的捜査云々といったところで、ケイサツの旧態依然としたその非科学性はかくの如し。大体留置場の規則そのものが、明治四十一年にできた監獄法を準用してるんだから、そのヒドさも知れようというもの。

朝起きると便秘の薬、刑事の顔見ると便秘の薬、弁護士に会うと便秘の薬、面会の友人に便秘の薬……。便秘便秘、便秘つらいか苦しいか、てなモンじゃない。

君よ知るか、連日三十五度を越す猛暑の中、日もすがら、窓なきが如き留置場の、壁にもたれて過す苦痛を——。これも監獄法準用の故なのか、全館冷房の新宿署の、ナゼかここ留置場だけはゴリラもくたばる灼熱地獄。日は早くから油照り、ヒトは早くから虫の息。

特にヒドかったのが十九日の日曜日。ブタ箱に入って二日目のその日、朝から空気はネットリと澱み、ガーン、ガーン、ガーン、ガーン、ガーン、脳髄を撃砕していくあれなる音は、近くの高層ビル工事現場からの音公害。加えて便秘が、からだを中から腐乱させ、寝ころんじゃいけない留置場の、壁にもたれてピクッ、ピクッと、あたしは断末魔の痙攣をくり返す。あとから聞いたらこの日「房内」の温度三十八度。収容人員男五十余名、女十一名。

日曜日が殊更つらいのは、取調べ、面会、差し入れで、留置人が出たり入ったりする「房内行事」が、なにひとつないせいだ。故に澱んだ空気がより澱む。ここに居ると、歩く、見る、食べる、話す、排泄する等が、いかに人間の根源的かつ生理的なギリギリの欲求であるかがよくわかる。

さて、その根源的かつ生理的欲求のいくらかを、いくらかなりとも満たせるチャンスが、二泊三日目に巡ってきた。

八月二十日、月曜日、午前八時半。鉄格子のはまった護送車に乗せられて、「区検」に向かう。同乗者は男ばかり五人。みな一様に手錠をかけられ、サル回しのサルよろしく腰ヒモを付けられて、あたしを先頭に数珠つなぎ。

黒地に赤の水玉の上着、下は白地に赤の水玉のフレアスカートをはいたその彼女は、なんと頭を金髪に染めていて、それをカツラ？　と聞いたら、アラッ、やァねェ、地毛よ、ホラッ。つむじのあたりがよく見えるように頭を下げて見せてくれた。毛の根本の方はすでに黒かった。

一四八センチ、三十八キロのあたしのスグ後に、数珠《じゅず》つなぎにされた彼女は、一七五センチ、五十八キロ。新宿コマ劇場近辺を徘徊するオカマ嬢で、二十三歳。

ジーパンのズボンをはいて……、と人相風体の欄に書かれたあたしの、その日の格好といったら、下はそのジーパンで、上は下と共布の上着。つまりデニムの上下を着、頭はハチの巣を突っついたような具合にパーマをかけ、そのパーマも留置場から出て鏡をみたら、大分伸びかかって、石川五衛門風に凄まじくなっていたから、まあ知らないヒトが見たら（知っているヒトが見ても）、性別不明のフーテン以外には見えなかったでしょう。そのあたしが、くだんのオカマ嬢と前後に数珠つなぎされたんだから、看守ならずとも、オイ、お前たち、どっちが男で、どっちが女かよ、とヒヤかさずにはいられない。

ヘラヘラ笑ってるオカマ嬢に代って、今は時代が違うのヨッ、とあたしがいい返したら、そのことばが気に入ったか、男か女かヒヤかされるたびにオカマ嬢、ネエ、今は時代が違うのよネェ、とあたしの側により寄って同意を求める。

彼女、俗に「枕さがし」と呼ばれる悪事をやって大阪に逃げ、そこでまた客の袖を引いたら刑事だったという、三文小説の筋書きを地でいってパクられた。逮捕歴九回、むろん全て売春防止法違反で、監獄に結ぶ恋を警戒されてか、留置は常に独房だとか。去年一年間ムショに入って、今年の三月に出たばかり。

デモ、辞められないワ、オカマって月三、四十万になるんですもの。あたし、留置場なんか平気、今日で三十五日入ってるけど、そう見えないでしョ？　シナを使って何度も同じことを聞いてくる彼女は、あたしの答にくり返し己れの美貌を確かめる。いい忘れたが、この彼女、色の白さが七難かくすタイプの顔で、ゴツい輪郭を気にしなければ、結構見られるイイ女。女らしくないあたしと、男らしくない彼女は、どことなくウマが合い、二人して少女？　のようにはしゃぎ合う。大きい少女は、小さい少女に自分の持ってた、ピンク色の桜紙をくれ、香水入りヨと囁いた。

さてここ四谷、東京女子医大近くの「区検」に九時過ぎに到着。十時から始まる検事の取調べは、一人十分もかからない早さなのに、ナゼか帰りは三時四時になるモタつきよう。お役所仕事かくの如し。が、お蔭でズイブンと見聞を広めることができました。

ナントカ文書偽造で懲役四年、八王子刑ム所に入る。囚人二五〇名いる中の六人に選ばれて、一級の囚人になった元板前、仮釈一年をもらって出て一週間目に傷害・窃盗を起こし留置場に舞いもどる。「コンパ」という大衆バーのコックに就職して三日目で、ああ、残念、女はまだ抱いてなかった由。三十六歳、頭の毛はすでに薄かった。

「八王子」は医療刑ム所、「中野」は学生が多い、「府中」は再犯者、「宮城」・「新潟」・「千葉」は重刑者が入る。そして九州の方には老人刑ム所があるンだそうだ。刑ム所なんぞに入ったらドロボーになるしかないと、しみじみ述懐するこの男からはまた陰語もいくつか教わった。ムショに入ることは「アカ落ち」。愛人は「アンコ」。告げ口は「チンコロ」。

実際にチンコロされた男がいた。一年まえに友だちのカラーテレビを売り払い、それをチンコロされてパクられたんだそうで、小肥り、濡れた目の、女でいえば都はるみ的な色っぽさのある男で、聞いたらホストクラブに勤めていた。

この日、七件詐欺して計六万かすめ盗った男が懲役一年、くだんのオカマ嬢、「枕さがし」で四、五万掻っ払って同じく一年。ずい分俺もケイサツに協力したけど、関係ねェな、とボヤいているのに聞いたら、成田で機動隊に守られながら土嚢を崩したコトがあるんだそうで、公園で女物のハンドバッグをチョロまかしそこなって起訴決定。

そしてあたしは住所・氏名だけをいって、容疑については依然と黙秘していたら、検事は十日間の拘置を請求。して簡裁の判事は、検事が勾留請求してるからネッ、のひとことで勾留延長を決定。司法の独立クソクラエ！

——取調べすんで日が暮れて、一同再び新宿署にもどって右と左に別れるその時、あなたにこのスカートあげるわネーッ。くだんのオカマ嬢が身をくねらして熱い友情のメッセージ。彼女、明日は東京拘置所に移送の身とか。……オカマの深情けに胸がつまった。

風よ吹けよ、浪よ荒れよ、希望は近づけり。四泊五日目の朝、「中調べ」なるもののために、再び区検に連れていかれて、そこであたしはパイ（釈放）された。前夜からその旨を伝えられていたから、朝、荷物をまとめて留置場を去る時は、行く者残る者、心が翳った。

三人居た同房者はナゼかみな美人で、中のひとり、人身事故を起こして、留置されていた、二十七歳、装飾会社勤務のＯＬはこの時すでに保釈で出ていた。

追起訴を伝える書類を前に、黙然と頭を垂れていた推定年齢二十七、八歳、本人曰く〝窃盗のようなもの〟でパクられた女。共犯の男がいるらしく、追起訴〳〵で留置が伸びてすでに六ヵ月、もともとポッチャリした顔立ちにそれとわかるムクミが――。

彼女とは三日目から打ちとけた。あたし、血液検査してなんでもなかったの、と突然なんの脈絡もなく彼女がつぶやいたのがきっかけで親しさを深め、夜横になってからも、好きな料理をあれこれ二人で数えあげたり……。そうそう、便秘の薬をくれたのも彼女でした。男に尽くしてダメになったくやしさを、柔らかな身の動きに滲ませたこのヒトが哀れにいとしくて、お世話になりましたと手をついての挨拶も沈みがち――。

お姉さん、いいな……。花なら蕾、いまだ稚いかんじの二十二歳。金融会社に勤めて四カ月で百数十万を詐欺した容疑でパクられた、留置場暮しはあたしより一日先輩の女。切れ長の目、オチョボ口、ホッソリとした首筋の日本人形を想わせるその娘、いつも話の最後は「いいんだ、悪いコトしたんだから……」。という割りにはアッケラカンとしていて、いいゾ、末は稀代の悪女か、この女。

シャバに流れた風聞

さて、パイされる前日、刑事にあらためて調書をとられた。
あの日は風が強くってコンタクトレンズをはめた目が風圧を受けて痛みだし、歩行困難。で、きみはサングラス売場に行った訳だね。エエ、オール九八〇円の特売をやっていました。売場が狭いフロアのまん中にあるせいか、サングラス売場の近辺はかなりの混みようで、なかなか店員が見つからない。客の間に埋没してたり、レジとの間を往復してたり、やっと見つけて近寄ると他の客に横取りされたり……、サングラスを握りしめたまま「お預け」を喰らっている、あたしはまるで犬のよう。

いい加減イライラしながら再びあたりを見わたすに、右手前エスカレーター際に立てかけてあった「店内のご案内」が目に止まった。サングラス以外特にコレといって欲しいものもなかったけれど、見るは一時の法楽、こんなコトしてるゝだったら……の想いがフト湧いたが身の不幸、あたしはサングラスを握りしめたままエスカレーターに乗っていた。ム？　まあいいや、もう一度売場に戻ればいいんだから。

エスカレーターを降りたら前がブラウス特売コーナーで、条件反射的に手が伸びる。バッグを持っていない方の手、つまりサングラスを握りしめてる手でブラウスの海をひっかき回しているうちに、売場台の金具にプライスカードがひっかかって、プツン、糸が切れた。アレレ、と一瞬思ったが、どうせオール九八〇円の品、プライスカードがなくったって支障あるまい。と、気にも止めずにまたあちらこちらを見て歩くうちに、フと気がついた。隣りの女、さっきからズーッとあたしと一緒じゃないか？　？　？　疑惑を確かめるべくたずねてみた。「あなた、なんでさっきからあたしの後を付けてくるの？」

とにかく上の部屋に来て下さい、というから付いていったら、試着する時手に持ってるのが邪魔で、バッグの中に放りこんだサングラスと、ブラウス売場に落ちていたプライスカードが動かぬ証拠、さあさあさあすみやかに白状せよ、悔い改めヨとド突かれた――。

――留守の間にシャバに流れた風聞を聴くに、まア、まア、まアの絶句のあと、デモ田中さん、そういうこと以前からやってらしたの？

それにてっきり「別件逮捕」だと思っていたらしいんだな、みんな。ところがドッコイ、ただの万引きだったという訳で、シャバに出てから、そこはかとなく肩身の狭いことでした。とかなんとか殊勝なコトいって、シャバに戻って一夜あければ、かねて準備の関東リブ合宿のその初日。伊豆七島は式根島へとスイスイ飛び立って、一都二府十四県から参加の、百名あまりの女たち（別に男五人）と四泊五日の解放空間、ああ、やっぱりシャバはいいなあ……。

といっても、チクショウ、留置場の枕がやたら高くって寝違えて、しかも連日ただ壁に寄りかかってるだけだったたから、筋肉硬直が昂進しちゃって、せっかく楽しい合宿なのにまったく首が回らない。そういう姿勢でしゃべるのってつらいよ。まさかナゼこうなったのかいう訳にもいかず、あぁリーダーはつらいなァ。バカ、本当のリーダーなら、万引きでなんかパクられているか、ともうひとりの己れが答えて、ひそかにニヤリ。

とにもかくにも備えあれば愁いナシ。以後寝るに枕を使わない心がけをして、さぁ、もうダイジョウブだ。

サテこの広くて狭い世の中には、立ち小便でパクられたヒトもいるそうな。『話の特集』編集部の某氏だって、先日団地の暗がりで、二回も職務質問されているそうだ。災いは、前ブレなしに降りかかる。しかも、その過去に一度でもパクられた体験を持っていたら、もうアウト。誤解だ、ヒト違いだ、冤罪だと叫べば叫ぶ程、手錠は強く食い込む仕組みになっている。区検で出会った被疑者の中には、その前科故に、ドライバー一本持っててパクられた男がいたっけ。そう、貧乏か不運かが刑ム所を決める。いや、これは不正確ないい方で、大抵貧乏と不運は、ふたつでワンセット。道端で洗濯していた女に、うしろから抱きついただけで、懲役一年、執行猶予三年、保護観察付きの判決だなんて、信じられる？　が、これがこの世の常なる真実。一度やられると、人間、どうしてもビクつくからね。それで不当に悪く思われるってこともある。

あたしなんぞは出だしから失敗だった。積極的に万引きしようとしたのでもない、しないようにしたのでもない、という、そのあたりのアイマイさが気迫の思わぬ減少となってバレる原因をつくったのだから、この点は大いに反省の余地があるようだ。というのでもう一度あのあと同じ店で、今度は気迫をこめて、つまり万引きしようとハッキリ思ってやってみた。むろん成功、バッチリとキメて、ビクつく気持をキレイサッパリ追い出した。以後万引きはやってない。

こんだパクられたら、こんだこそ冤罪だ。無実の罪を大きな声で叫ぶ喜びが、また増える。

［初出『話の特集』73年12月号］

私の殺意は乾いている
〈しあさってのジョーから太田竜さんへ〉

闇の中で殺意は孕まれる
――「映画批評の文章」とはなにか。

この原則問題について、まず私の見解をのべておきたい――。

この書きだしは『映画批評』二月号の太田竜さんによる「血痕の列島アンティール」からの引き写しだ。ヒトの書いた書きだしをもって書きだすという意識の底に孕まれている挑発的なゴーマンさ、それこそが非権威の権威をもって迫ってくる『映画批評』という本となんとか見られるケンカを原稿用紙という四角いジャングルの中で展開したいと身不相応な願いを抱いた私の武器に他ならない。

「われわれは『あしたのジョー』だ」とかっこよく意気がったのはハイ・ジャックのおにィさん方。

私は自らを称して宣言する。

「わだずは、ヒミコだァ」

ヒミコ。火見子ではない、ヒミコ。『漫画サンデー』のヒミコの、あの猥雑なこっけいさの底に息づく真摯さ？　をもって、ト、ト、ト、ト、と、前後左右もロクに見ず私はかけ抜けていくんだ。前にツンのめりそうなそのブザマで混乱した格好を見て笑わば笑え。ヒミコこそ「しあさってのジョー」なのだ。

いっちまったものはしゃあないけど、大体私はこんな切り口上でこの文章を始める気はなかったんだ。好きな男が入ってくると、アグラから正座へと無意識にアクションしてしまうようなナンセンスさからどこまでも逃れられない私だから、できるなら気のきいた楽しい相手にみられたい気持、あるもんね。

ただでさえ、ト、ト、ト、ト、と、前ツンのめりの不安定さを必死に〈視たものは視たのだ〉と呪文をかけることによって危ういバランスを保っているヒミコには、まず気付け薬の居直りが必要だったとはいえ……。

リブに対して様々な風評が飛び交っている。そのほとんどは、既成の活動家諸君の冷笑と侮蔑と好奇のまなざしの中で培養されたものらしい。七〇年代が、六〇年代の闘いの軌跡の自動延長線上に創造され得るようなものではない、まさしく一切の手がかりを失った時代、豊富なゼロからの出発という喜んでいいのか、悲しんでいいのかわからない中に未曾有の可能性を秘めている時代としてある、という自明の認識に対する無知（無恥）を女たちは培養器の中にのぞき込む。

やさしい女たちは、しかしながら時計を逆行させる中でしか自らの存在基盤を確認できなくなっている一周遅れの活動家諸君に施してあげられる慈悲も、余裕も今は持ち合わせていない。

見ないで跳ぼうという時に、ヒトのことなんてかまっていられるか。ン？

女たちは、自らを対象化していく日常的手段として個人史を語り合う。それは二通りの意味をもっていて、ひとつは自分の性をことばをもって対象化していく作業を軸としている。主体を、その性を閉ざされることの中で奪われ続けてきた女の歴史性を持つ者にとって、アの音はアだ、とひとまず口に出してみることの重要さはいうまでもないだろう。もうひとつの意味は生まれて以来の個人史の結果としてある現在の自分が意識、無意識下にとるアクションの中に露わにでるつくられてきた女の歴史性を日常的にとらえ対象化していく作業である。それはコレクティブという女だけの共同体の内で問題意識と生活と闘いの共有の中で進められている。

時には権力そのものと化す男の意識に萎縮しつづけてきた「見られる女」は、コレクティブの中でお互い同士を鏡として「見られる女」としてパターン化された自らを解体し「視る女」へと主体を創造していく。外部の規範を拒否して自律した人間とは存在そのものが体制の目ざわりになる人間のことであり、生命《いのち》のもつ可能性を奔流のように噴き出していく中で女たちは自らを革命しつつ、政治、文化、意識等の総体的な革命を開花させていこうとしているのだ（今さら笑ってもムダさ。コレクティブの女たちは自分たちが「しあさってのジョー」であることを知りつつ跳ぼうとしているのだから）。

ためらいや決意なしにウーンといつでも思いっきり腕を伸ばせて、伸ばした腕が空に溶けこんで、自分が〈世界〉になってしまうような……、そんな闘いが、そんな生が欲しい、欲しいーッとまず叫んでみること――それが女が性を語るということのまずもっての意味なのだ。アの音はアなのだ、といってみるところからしか女は出発できない。その中で段々、アの音のイやロやハへわたるヴァリエーションが自分のものになってくるのだ。女の語る性は形而下的なものを形而下的にとらえるところから始まる。

〈女性は自分の体内に神秘な宇宙を完全にもって同じ宇宙を旅する人間である〉なんてノーマン・メイラーがいうような気のきいた表現をあたりまえのどこにでもいる女たちは決して口にしない。口にできない。彼女たちはペニスの形態と機能について論じても、男のペニスの孕む外的？宇宙には関心を持ち合わせない。

〈関心〉も〈無関心〉も文化の事実でしかない以上、形而下的なものを形而下的にしか感知できないようにつくられた女のその性に対する意識を問題にしていくことはまことに〈関心〉のあることだと私は思う。なによりも気にかかるのは形而上的なことば空間に昇華された性こそが、その時代時代の文化を決めてきたように私には思えることだ。

性を、女は肉体的に昇華し、男は観念、イマジネーションの世界で昇華してきたように思えてならない。自らの性に対するやさしさを肉体的に昇華していく中で女は感覚だけを自分の依りどころとなし、肉感的な感覚のことば——話しことばを持つようになり、それに対し男は論理的な書きことばの世界をもつようになったのではないか。

形而下的なものの矛盾の解決はそれ自体の次元においてはかるのではなく、形而上に昇華させてしまうということは、結局は非性化、反性化の結果をもたらし、性のタブーを秩序の根底においている性否定社会の道徳と全価値体系を男の書きことば文化は維持してきたのではないか。

「〈自然〉の領域における問題がただ〈精神〉の領域での解決によって解決されうるのか。形而下領域での衝動、欲求がその形而下的自然領域それ自体で充足をはかられることなくして形而上的領域にうつされ、精神の次元におきなおされることによって、なぜ解決されうるのか」（片岡啓治「狂気の人間学」、『情況』ライヒ特集号）。

「小学校の時、長兄にいたずらされて、その重さをひとりで（誰にも告げず）背負って生きてきた（私はいいたい。生きてきたと……）。

子供にとって、父とは、母とは何だろう。

〝やさしい〟母であったが故になぜかいえなかった。私が近親相姦の意味を知った日から兄は私の目に追いつめられ、両親の期待を一身に受けて育った兄は自殺した。

母は突然の死の意味がとらえきれずに、狂ったように獣の声で泣き叫んだ。十七歳の私は、兄の死の重さに一人で耐えて、そんな母をただ抱きしめていた。

私は自分を片わ者だと思い続け、兄は死に、母は半狂乱になった。

――私には『家』の中の人間関係のうそっぱちがよく見えた。母の〝やさしさ〟も哀しみに裏打ちされたものだ。母の〝生〟の不完全燃焼。『家』の孕む矛盾が、体制の価値観から大きくはずれた私には、鮮明にとらえられた。

『家』の構成員のひとりひとりの〝生〟の不完全燃焼――」

これはコレクティブ・メンバーのひとりが書いたビラからの抜萃だ。私は彼女の個人史の延長線上に、私を含めたすべての女たちの子宮の歴史を視る。

彼女の文章の上に「女性は自分の体内に神秘な宇宙を完全にもって同じ宇宙を旅する人間である」と語るノーマン・メイラーの文章を重ねてその二つのどうにもかみあわない亀裂の中に男文化に対する怒りを普遍化させようとすることは被害者意識のゴリ押しにすぎないのだろうか。

書きことば文化は対象化のゆきとどいたことばだ。女は自らの性を、井戸端会議のことばの延長線上にしか語れない。女が自らの性を飛翔させるには、子宮がかかえている怨念の歴史はあまりにも重すぎる。女は直感する。男の書きことばは、女の話しことばを井戸端会議のグチとして卑しめることによって成り立ってきたのではないか、と。故に女は話しことばに固執する。交わりのあとに背を向けて寝る男に女は殺意を甦らす。「男とことばでコミュニケートしようとしたら、デバ包丁もって行かなくちゃダメ」。男の知らない闇の中で女の殺意は孕まれていく。

男の書きことば(表現)に対する怒りとは、女の性を一人の男の中に圧殺してきた、女にとってだけの性否定体制、男社会、男文化に対する怒りだ。ことばを抽象化し、普遍化させて表現する能力にまさった男たち――その男たちのつくった文化こそ近代合理主義と密通した性否定のぬけがら、腰抜け文化じゃないか!

肉体の感覚を手さぐりしつつ

白状すればこの文章、そもそもは中国の文化大革命後に初めて創られたバレエ映画『赤軍女性中隊』の、『映画批評』に載せる感想文であったはずなのだ。映画を観ての対象化作業が全然進まない中で、他のオン方たちは批評とか申すものをどのように創造しているのかと、彼の本ひもとけば、私は本当に今さらながら自分の知らない世界の人の影を大きく大きく感じたね。ビビッたね。でも時を経ていくうちに腹が立ってきた。だってそうじゃないか。書きすぎるんだよ、みんな。いま手元にある順不同の『映画批評』を六冊ばかりめくったら、竹中労6回、平岡正明4回、大島渚4回、太田竜、津村喬、菅孝行、湯浅赳男それぞれ2回、その他となっている。書くという行為に対する主体のあり方、してまた書かれた内容を論じることなく、書いた回数を問題にするのはおかしいって？　私はそうは思わない。

感じるのはジェラシーではなく、殺意。まぎれもない、殺意。

しかし、私の殺意は乾いている。

なぜなら自らの性を井戸端会議のグチにしか語れない、語れない故に女にはまやかしでない解放へのラジカルな志向性が息づいているのを私は知っているから。女の話しことばは生きていることばだ。そこには狂気が孕まれている。〈私〉にこだわり続けることばには、なまぐさい狂気が孕まれる。

抽象性から普遍性へという回路を持たないが故に、どのような自己満足的な意味であれ、女の話しことばはいい切れるということのないことばであり、まさにことばとことばの間からこぼれ落ちることこそを表現しようとすることばに他ならない。

「さして大きなできごともなく、あの人はいつだってやさしいよ。何処で暮しても同じだろうとわたしは思っているのさ、なのにどうしてか知らない。こんなに切なくなって、町で一番高い丘へ馳けていくころは、ほんとに泣きたいぐらいだよ。真赤な夕日に船がでていく。わたしのこころに何がある」
浅川マキさんがおそらく何気なく作詞したこの歌に私は身ぶるいする程の狂気を感じる。この歌の女は、いつか必ず、いまにもグチャリとしそうな熟しきったトマトみたいな夕日を浴びつつ、自らを一艘の船と化して、風をはらんで行ってしまうのではないか。丘の上からいつも船を見送りつつ、自分のことばにならないことばを（話しことばの行間からはいつもこぼれ落ちてしまう何かを）見つめている女。いつか、船と化すだろう我が身を〈予感〉しつつ、丘に立ちつくす女。

女の子殺しが増えている。昨年だけでも四百件近く。毎日の新聞をちょっと気をつけてみれば一週間に数回の子殺しを目にすることもまれではない。東京ならば足立、葛飾、荒川など地震や浸水の被害の多いところで多発しており、杉並や文京などの区名は見当たらない。そのほとんどがアパート暮しであり、子殺しの階級的背景がうかがわれる。また、三十歳前半までの女は子を殺し自分は生き残る。それより年を重ねた女は心中という手段をとっている。私たちは地裁や検察庁でここ二、三年にわたるかなりの子殺しを調べてみたが、いわゆる核家族形態の中では子殺しが多発しており、日常的に血縁関係を強く意識せざるを得ない位置におかれた女は心中を選んでいる。

私たちは女の子殺しの背景に、既成の存在様式、行動様式、人間関係は解体しているにもかかわらず、生殖を頂点にした価値体系はいまだ深く女を包摂しているところの、女大衆の広汎なフラストレーションをみることができる。

一人の男から満たされるということが、経済的にも精神的（性的）にも破綻をきたしている今、女は〈自分が自分であること〉の証しと可能性を求めて、自らを「明日」に向けていきつつあるのだ。〈女が生きるとは何か、果して我々は女なのか〉というリブの産ぶ声こそ、その女の「現在」を最も突出して表現したものに他ならなかった。しかし男の意識の中に自らの「生きる」を投影させるべくつくられてきた女の歴史性は、そうやすやすとは女を飛翔させない。なによりもオクレタ男共がゆく手を阻む。

バスチーユへ進撃する人びとの先頭にたったのはパリの娼婦たちだったという。コトの真偽はともかくとして、不発の連続として歴史の闇の中に埋葬されてきた女の怨念が、情況の中で「その時」を得る、得てきたであろうことは、俗にいう女が変わらなきゃなにも変わらない、ということばからもあきらかである。しかし、今問われているのは「その時」を待つことではなく、情況を創りだすコト、その〈主体〉なのだ。

子殺しの女は、子供と共に何を埋めたのか、そしてコレクティブの女は、何を産みだそうとしているのか?

機動隊に向かってモンペをおろして「おめえたちはこの穴の中からでてきたんだ」と自分の性器をピシャピシャ叩いた三里塚の女たち。〈ふるさとに墓標を持つことのできない宿命〉を、その歴史性の中に秘めてきた女の土着性とは自らの子宮の中に育んでいくものに他ならない。女は自らの子宮と語り、いとおしむことに怠惰であってはならないと思う。

女の話しことばは、自らの肉体の感覚を手さぐりしつつうみだされたことばであり、その行間からこぼれてしまう、〈女であること〉の歴史性——血肉化された怨念、憎悪、殺意をあらわすことばである限り、女は男との空間における自らに固執せよ。ことばの、話しことばの空間に固執せよ。寝入り込む男の背に向けて自らの狂気を復権させよ。

――出会いたいと思うことの、激しい傲慢さは常に狂気にたどりつく。

パリの娼婦の喊声を聞く

太田竜さんが「二十一世紀への大長征のために」で「売春婦、娼婦である女たち、或いは娼婦になることをためらわぬ女たち。あなたたちは、私のもっとも好ましい『恋人』である。したがって娼婦を蔑視する女、これこそ私の本能的に嫌悪する女である」と述べている(『映画批評』六月号。以下の引用は同誌二月号より)。

娼婦のとらえ方――もちろん私だって娼婦を蔑視する女たちをそして男たちを本能的に嫌悪する。ここではそういう質のよくない人に対して論争を展開しなければならない必然は何もない。それは違う世界に住む人びととの断絶を私に確認させるだけの話だから。私が太田竜さんの娼婦のとらえ方に異議をとなえるのは彼もまた娼婦からは遠い人であり、しかもそれに気づいていない点である。娼婦への可能体として、私は彼に反論する。私は、今は廃刊となった『構造』五月号で、

「私のアザは彼女らとの出会いの中で『魂』をもつ。しかし、私のアザと彼女らのアザは直接には真向かえない。/存在自身が生殖を頂点にした価値体系からはずれてしまった女と、口を閉ざしていれば『お見合い』の話が来る女とは、同じ位相に位置しない。自らの心のアザを通じ

て、すべての被抑圧者の『痛み』を直観することと、現実に額にアザをもっていることとは違う。主婦と娼婦は共に売春行為をもって生きる糧を得るが、『主婦』から『娼婦』になれても『娼婦』から『主婦』にはなれない」と述べた。

娼婦である自らに気づかない女と、現実の娼婦と、娼婦への可能体として自らを意識する女と、そして心情的に娼婦を恋する男——主婦と娼婦と私と太田竜さんとはこんな具合にあるのではないか。ところで娼婦とは何か？　太田竜さんにとって、その存在は、帝国主義の指揮のもとにある、その子供及びその「父親」に対する、完璧な排他独占的な私有化を、追求してやまない女に対峙、もしくは対決する者としてあるらしい。

「この女は、自己の私有財産としての『夫』、及び『子供』の地位が、現秩序においてより上位にあることを欲する。だからこそ、皇太子妃殿下美智子は、こうした『女』たちにとって偶像となる。逆に『女』にとって貧しい男、地位の低い男、扶養すべき両親をかかえている男、学歴のない男、権力に反逆している男、こうした男たちは、嫌悪と侮辱の対象であり、その『性』は、彼らに対しては決して開かれることはない」。そして「女にとって、出産と、育児とは、自己を帝国主義的秩序の中に、確定的に位置づける、最後の行為である。『出産』の瞬間に、女は、その赤子の父親の地位、及びこの父親と自己の関係によって、自己の立場を完全に実証する。自己がいかなる女奴隷であるかということをそこで確定するのである。『出産』はすぐれて階級闘争の領域にかかわっている」

「出産」がすぐれて階級闘争の領域にかかわる問題であるならば、「子殺し」もまたそうである。

私は子殺しを、排外主義体制を根底から支える「家」とのかかわりの中で問題化させたビラの中でこのように書いたことがある。

「子殺しについて『子供の命は子供のもの、子供の生きる権利を親が勝手に奪ってしまうのは親権乱用です』と評論家が眉をひそめる。何いってんだ！　女は子供を私有化したくてしているんじゃない。育児を唯一、女の生きがいとさせられる構造の中で女は子供と共に切り裂かれていくんじゃないか。母性の神話、母の日のウソッパチを赤裸に知っているのは、実は、妻として母として強固に自らを秩序化しているその本人たちなのだ。空しさから自らを解き放つ志向性を奪われている時、その空しさに自らを徹底させるしかないではないか。生きていない飢餓感をごまかしきれないからこそ、女は子供に全てを賭けていくのだ。しかし、家がブルジョワジーのための労働力の再生産を奴隷（男）と奴隷頭（女）が担う場所としてある以上、子供に全てを賭けていく〈賭けさせられていく〉ことの果てが無でしかないことを直感する時、女は自らを怨念の炎と化す。自らの〈生〉を生ききらせない最も手近な矛盾物を凝視する。……女は、子供の首に手をかける」

「女たちにとって、出産と、育児とは、自己を帝国主義的秩序の中に、確定的に位置づける、最後の行為である」と定義する太田竜さんにとって多発している子殺しという行為はどのようなものとしてその目に映るのだろうか。「子殺し、あれは打ちどころが悪かっただけよ」といい切る多くの女たちの「現実」をどうとらえるのだろうか。「子供こそ女の生きがい」という女にかけられた呪詛を自ら解き放そうとした時、その想いはやさしさと憎悪の織りなす狂気の中で殺意を孕む。そこに女の生への希求の、その激しい息づきを視る。子殺しという行為の方向に私たちの未来が輝くものでは決してないが、しかし、彼女らの殺意――暗い情念の波間に、バスチーユに進撃するパリの娼婦の喊声を聞くのは難しいことではない。

現実の開かれた関係性のなかに

帝国主義本国内の女は、真底、子供及びその「父親」を完璧に排他独占的に私有化したがっている。と太田竜さんが思っているとしたら、それは在日朝鮮人の女との対比の中で構図化された女、どこにもいない女のことだろう。女の置かれている「現在」は、子供や夫を排他独占的に私有化できる状況ではないし、大体、私有化に固執してきたのは男の方だと私は思う。奴隷をもつことによって奴隷頭としての体面を保持しようとしてきた男たちではないか！　女の持っている私有化への固執など、経済的自立を奪われ、男の中に自らを投影させるべくつくられた女の、転倒した意識に他ならない。

女の、私有化への固執の、殺意への転化は、水平線で危うく境界を保っている空と海の、あのまじりあいそうな青の近さでしかないのだ。その性にかけられた階級的呪縛を捨象して、上昇志向を満たさない男に開かれない女の性を反革命の武器である、といい切ることによって、にもかかわらず「苛酷」な革命運動にその生の全てを投入している男の「男らしさ」が鮮かに浮かび上る。

革命家幻想は、男らしさ幻想である。

いうまでもないことだが、財産の保全と相続を至上命令とする私有財産制は、女の血の純潔を保持するがために、女の性をタブー化してきた。女にとってだけの一夫一婦制度がそれである。私有財産制の上部構造に与える凝縮されたイデオロギー的表現として一夫一婦制度は、男と女の中に深く巣喰う。一夫一婦制度は、おじいさんは山へ柴刈りに、おばあさんは川へ洗濯に、という男女の固定化された分業の中で維持されてきたが、男は山へ、女は川へ行かねばならないという長きにわたる強制は、男と女の中に山へ、川へ行ってしまう自分をつくりだした。男は女に対し〈山へ行ってしまう自分〉をもち、女は男に対し〈川へ行ってしまう自分〉をもつ。

しかし、私有財産制が女は〈川へ行かねばならない〉という強制を根底に成り立っている以上、女は男より、より強固に〈川へ行ってしまう自分〉を秩序化している。一人の男によって経済的に、性的に満たされる、という呪文は、女の中に血肉化されてしまったのではないかと、女自身に思わせる位、内なる一夫一婦制度――〈川へ行ってしまう自分〉は女を強く呪縛している。

私たちが、女だけのコレクティブを組んだ答えもここにある。一夫一婦制度に規定された、男と女のパターン化された猥雑な関係があり、それにまた規定されて、女と女の反目がある以上、そのごまかしのきかない女同士が鏡となって〈川へ行ってしまう自分〉を対象化していく場として、女だけのコレクティブが始まった。男と女もお互い同士鏡のはずなのだが、男に対し〈川へ行ってしまう自分〉である以上、女が男を鏡に自らを鮮明にしていくのはむずかしい。男とのかかわりが楽しければどこまでも〈川へ行ってしまう自分〉なんて自己許容できるのだ。マルクスやローザは何の役にも立たない。

さて、強固に秩序化された女の性の歴史性を捨象して「〈上昇志向を満たさないと思われる男に対して）その『性』は、彼らに対しては決して開かれることはない。このように規定されている彼女たちの『性』は、帝国主義にとってもっとも強力な反革命の武器であり、権力に反逆しようとする男たちを武装解除し、俗物化するための、決定的な武器であるだろう。もちろん、革命的闘争は、このような『女』をセンメツしないわけにはいかない」と太田竜さんは断じるのだ。

男と女がコケル時の、直接的、間接的ファクターとして男と女の問題は大きい。それを個人的なコトとして､主体の問題に還元してきたところに､人間の生きる幅より常に狭い「政治」があったといってもいい位だ。しかし、もし一夫一婦制度に規定された女の性が、反革命の武器なら、男の性もまた女に対して反革命の武器になる可能性をもっている。

「権力に反逆しようとする男たちを武装解除する」という太田竜さんの表現の中に女はまざまざとそれを直感する。権力に反逆するのはなぜ「男たち」なのか。権力に反逆しようとする女たちにとって男の性とは何か？　それは娼婦の中に母の面影をイメージする、革命闘争に向けて自らの男を立たせてくれる、無限のやさしさを女に求める男の性である（男の性を論じる対象から、私は意識して闘わない男を排除する。運動の埒外にいる女を「恋人」に持つ、持てる男と違って、権力に反逆しようとする女にとってその対象は、権力に反逆しようとする男以外ではないからだ。例え、どのような意識性をもって闘っている男であれ――。その違いとして男たちは、闘っている女の数の絶対的不足を理由にあげるが、女のブルジョワ的犠牲形態の上にのっかって、対機動隊に向けてかろうじてその生産性の論理を保ってきた六〇年代の闘いの質を自ら問うことなく、そのような理由は理由にならない）。

男の性もまた、閉ざされている。未来的な関係性の萌芽を、女との間で孕んでいくことを目的意識化することのない、奴隷をもつことで、奴隷頭としての自らを維持しようとする、男らしさ＝革命家幻想に固執する男の性は、闘う女に対し、決して開かれてはいない。

ＳＥＸとは、関係性の問題である。むかし私はＳＥＸとはやさしさの肉体的表現である、と書いたことがあるが、そのやさしさとは、緊張を孕んだ空間の中でしか生き続けられないやさしさのことである。共に一人で生まれ、一人で死んでいく個体としてしかない男と女の、相手の中に自らを見出す時の即自的なやさしさは、男の歴史性と女の歴史性とのせめぎ合いの中で、その亀裂の中から甦えり、甦えりしていくのだ。男の歴史性と、女の歴史性の桎梏の中から、新しい関係性は息づき始める——女にとって、それはやさしさと殺意の狭間で。

ＳＥＸを関係性の問題としてとらえずに、日本帝国主義国内の女の性が、闘う男に対して開いているとかいないとかいう論議は消耗だ。そのような、ＳＥＸに対する見方の延長線上に女は、男を中に反目し合ってきた娼婦と妻の歴史、女の子宮の歴史を視る。

やさしい関係性をもち得ない哀しさを、幻想の娼婦の子宮へ胎内回帰させていく中からは何もでてこない。永遠の空回りの中で「苛酷」さだけがストイックな甘さをもって、自己解体を夢見る主体を包むだけだ。

「歴史性」なんて、気の遠くなるようなものを相手にすれば、こっちの方も永遠の空回りは避けられないとしても、とり乱しつつ、とり乱しつつ、ほんのわずかな朱であったとしても、未来に刻印していこうじゃないの。自らを普遍化させる、なんていうお念仏に酔うんじゃなくて、現実の、開かれた関係性の中に、それを創っていく過程の中に、女たちは「天国と地獄」を——、「革命」を我が身に視たいのです。

話しことばに孕まれた狂気

太田竜さん、わかってもらおうとは少しも思わないけど、「女たちが自分を拒否するということは、子供たちからも拒否されることになる。一つの種属から、決定的に自分が排除されることを、それは意味する。この恐怖が、多くの青年たちを、反逆の道から引きもどさせる」ともしいうのなら、いまだ、奴隷をもつことで奴隷頭としての自己を維持し、その「主体」をもって革命を展望する圧倒的多数のカクメイ家諸君から冷笑されつつ、今はもうそのような男の目に萎縮する自らと訣別を決意した多くの女たちの、しかし、男を絶対化する中でしか自己を規定できなかった女の歴史性から逃れようもない自らを抱えて、他の女を媒介として自らの出生の秘密を対象化しようとする女たちの、その女たちのいとおしくも涙ぐましい？　日々の模索をあなたは知っているかしら。私たちは今、女と子供のコレクティブ（共同体）を創りつつある。五人の子供をもつ四人の母親は、そこから世界へ向けて自らを開いていこうとしているのです。

太田竜さん、しめくくりとしておたずねしたいのです。

フランスの五月革命の時に書かれた落書きの中にあった、私たちの勝利に向けて真理にならねばならないと思えることば——「愛の営みをすればばする程、革命をしたくてたまらなくなり、革命をすればする程、愛の営みがしたくてたまらなくなる」。このことばをあなたはどのように思われますか？

『ケマダの戦い』の中の主人公「ホセはこのように確信する。彼は一人の女を『愛した』ことはない。しかし彼は、そのために闘い、いのちを賭けたところの、幾千人幾百人の、女たち、母親たち、老女たちの喜びと悲しみを忘れはしない」と書かれたあなたのことばをわたしはとらえあぐねているのです。だから、その答えの中に、太田竜さんにとって女と関係性をつくる、とはどういうことなのかを反映させてもらえたらと思っているのです。

さて、〈娼婦にならなければ、娼婦のことはわからない〉ということは本質であるが、娼婦になれば、〈娼婦のことはわかる〉というものでは決してない。また、義務教育以上の「学歴」のある女は、そのほとんどの者が、万一、体制内的価値体系から自らを完全にドロップアウトさせることができたとしても、たぶん娼婦への可能体としてしか、自らを娼婦に近づけることはできないであろう。

そして、私はそれでいいと思う。なぜならば、男を革命に立たせる女や、「その時」を得てバスチーユに進撃する女が、いま、歴史から要請されているのではなく、まさしく自らをもって情況を創りだす、歴史の創造主体としての女こそが「問題」にされねばならない時なのだから。

しつこく引用させてもらうけど、「現秩序に柔順な女にとって、性的満足とはなにか。それは、男に対する自己の優先的選択の行使である。その優先権、及びその選択の範囲が強大である程、この女の性的快楽は大きい」と太田竜さんはいうが、それは解放されない性、相手とよくコミュニケートすることから疎外された性故に、その空虚さを埋めようと体制的価値基準のもとに男を獲得物と見たてて、よりよい獲得物を得た喜びをもって性的快楽にすりかえるだけの話であって、いい関係性の中にしか性的快楽はないし、性的快楽の中でよい関係性が育くまれていくのだ。SEXって泌尿器科や産婦人科ではなく精神科の分野だもんね。

もし、「性的快楽」を肉体の問題に集約する人がいるなら、男と寝るのにも、自分と世間を納得させるためのなんらかの大義名分を必要とするインポに対する逆インポだと私は思う。逆インポは、からだを開いていく中で自らの意識を鈍化させる。自らの「ことば」を喪失していく。失われた「ことば」は、男の書きことばの中に吸収され、永遠の空転を重ねるしかないだろう。男の書きことば文化との拮抗の中で、自らの主体を、ことばを創出しようとする時、女は性的快楽に固執する。男と共に天国と地獄をかいまみる、そのような関係性に固執する。語り切れることばを持たない自らの歴史性に固執する。話の行間からこぼれ落ちる怨念を、憎悪を、殺意を子宮の中に育むことに固執する。

「病とは自然に反する本質ではなく、自然そのものなのだが、ただその過程がさかさまになっているのである」(フーコー)。

狂気もまた病いであるならば、その狂気をたどっていく中で私たちは自らを解き放つ回路を得ていくであろう。女の話しことばに孕まれた狂気に、破壊的奔流を「直感」し、美しい情熱を私はそこに視る。

[初出『映画批評』71年9月]

女だけの共同体

あたしたちにとってのリブ

アリが子どもを妊った。四カ月。

「堕ろしたくはないの。でも……。じゃあ産みたいかっていうと、なんだかハッキリしなくって……」

避妊をなりゆきまかせにした果てに妊った子どもだけに、アリのとまどいの中にはある種の後めたさが感じられた。

常日頃、「できたら産む」っていうのでは、「できたら堕ろす」と同じことで、リブを名乗るからには、それはちょっとお寒いハナシではないだろうか云々と論じてきたあたしたちであれば、できちゃった子どもに対して、アリが後めたさを覚えたのも、まあ当然といえば当然の話であった。しかし、計画出産かなりゆきまかせかの違いを越えて、子を産むという行為には、とまどったり、たじろいだりせざるを得ない何かがある。

ヒトそれぞれの人生は、いってみれば偶然の連続だ。そもそも、あたしにとっては、あたしがこの世に生まれでたということが、最大の偶然としてある。しかもその偶然が人間の一生に決定的な要素を持ち込むという、問題はそこだ。

「たしかに、われわれの性格や世界観・人生観は、われわれの原体験によって決定的な制約をうける。その原体験をワクづけるもっとも大きな要因は、われわれの最初に接する家族内人間関係であり、そこでの生活水準である」（『読売新聞』一九七二年四月十九日「人間・家族・社会」青井和夫）。

「女はつくられる」といっても一般的につくられる訳では決してない。イタズラをされた女がみなリブに出会える訳ではないのだ。リブに出会えたあたしたちの幸運は、己れの主体性がかち得たというよりは、生まれの偶然が引き会わしたものとしてあるだろう。あたしたちにとってリブとは、プチブルとして生まれたその現実、その偶然を凝視し、その偶然が孕む限界を知り、その偶然が秘める可能性に固執し、そして開花させるための運動としてある。むろん、女の解放は社会変革を伴う中でしかあり得ない。がしかし、ヒトはみな己れを生きるしかない以上、生まれの偶然を、生きざまへと結晶させる中で、あたしたちは、普遍的解放とやらににじり迫るしかないのだ。

さて、「腹を痛めた我が子」などとはよくいわれるところのことばだ。しかしもとよりそんなことは親の自己愛がいわせしめることばであって、とにかくいったん親の腹からでてしまえば、子は親とはまったく別個の人格として生きていく。しかし問題は、にもかかわらずたまたまその親のもとに生まれたという偶然が、生涯にわたって有形無形にその子を呪縛し続けるという、この矛盾。

あたし自身、食べる方の飢えはどうにか満たされてきたが、その身に負った原体験のその傷跡が、いまだに乾いた痛みを発していて、たぶん生涯この痛みと格闘し続けるんだろうと思うと、お天気次第ではやり切れなくなったり、まあこんなもんさと居直ったりの連続なのだ。

子どもが生きていこうとしたら、親を頼りにしていくしかない世の仕組みがある以上、幼くして得た原体験は、「親」とか「家」とかいうものと、運命的ともいえるつながりを持つべくして持っていく。そして「家」が、体制の最も小さなユニットとして機能する時、原体験を通じてあたしたちは、体制の日常その価値観の中で、飼い殺されていく人間の、そのうめきを、叫びを、歯ぎしりを、すなわちこの世に生きる人間存在の本質を、鮮かな切口をもって知っていくのだ。ともかくにもこの世に生きる幸せとやらがもしあるとするならば、「苦しむのにも才能がいる」という、その才能を有して生きる以外のものではないらしい。

個人史を語る

さて、子どもを産むという行為は、考えれば考えるほど空恐ろしい。そして空恐ろしいからこそ、魅惑的でもある。賭けという賭けは、常にその結果が引き起こすかもしれない残酷さ故に、人の心を魅くものだ。

想えばコレクティブ（女だけの共同体）という、新奇な試みも、サイコロの目が予想し得ない点において、世間サマのまなざしの、そのいくらかを魅きつけてきたようだ。

五月五日から三日間にわたって開かれたリブ大会の最終日、「リブを自分の問題として考える男と共にの大集会」で、個人史を語ることからしかコミュニケートできない、といった類いの発言がなされた。当日マイクを握った男たちは、例のごとく「女たちの運動」についてひとこと助言を、といったふうの、あくまで己れを安全地帯に立たせての発言が多かった。そのことへのいらだちが、前述の発言を誘発したのだが、しかし「個人史を語る」場合、問題となるのはその語り方だ。己れが今日に至った過程をこと細かく語ることでコミュニケートとやらができるなら世話はない。

「人間関係には『つながり』の面のほかに『間』という面があって、このどちらをも欠かすことができない。ところが、いままでの日本では甘えとか慣れ合いという形でただつながっている状態だけがあって『間』がなかった。『つながり』のほうが美徳とされ、これが人間関係だと誤認されてきたのだが、本当は『つながっていながら間を持つという関係』が大切なのだ」（『読売新聞』一九七二年五月三十日「風知草」）。

いま想えば、コレクティブ創世期において、あたしたちが採用した「個人史の語り方」は、「つながり」を求めてのそれであった。

「小学生の時、長兄にいたずらされて、その重さをひとりで（誰にも告げずに）背負って生きてきた（私はいいたい、生きてきたと……）。子供にとって、父とは、母とはなんだろう。〝やさしい〟母であったが故になぜかいえなかった。私が近親相姦の意味を知った日から、兄はあたしの目に追いつめられ、両親の期待を一身に受けて育った兄は自殺した」

これは今から一年半あまり前に、アリが書いたビラからの抜萃だが、つい先日、コレクティブにおいて日曜日ごとに開くティーチインのことで、彼女はある疑問をもらした。

「あたしが個人史から語り始めると、囲りの、初対面の女たちが、『ああそうだったの……』というかんじのやさしさでつつみ込んでくれるんだけど、それおかしいと思うの」

アリにしてみれば（他の誰にしたってそうだが）これはまさしく今だからいえる、といった類いの疑問だろう。

理屈からいえばコレクティブとは、崩壊しつつあるタテ社会の人間関係に対し、ヨコ社会のそれを手さぐりしようとするものだ。

〈一人で生きられぬ者は、二人でも生きられぬ〉という真理がある。ヨコ社会の人間関係とは、一人でも生きられる人間――「パン」と「パンのみにて生くるにあらず」の両方を己れ自身で満たすことができる人間同士が創り出す関係としてあるだろう。しかし、皮肉なことに、あたしたちのコレクティブは、一人では生きられぬ女たちが、そのはえそろわない羽を寄せ合って、ひとつ屋根の下に「避難所」を形づくることをもって始まった。ティーチインの時にかもしだされる、「ああそうだったの……」というフンイキの延長線上で、あたしたちのコレクティブは組まれてきたのだ。

とかくメダカは群れたがる。しかし一寸の虫にも五分の魂、群れたがるメダカにもそれなりのいい分はあるものだ。

ホレた男の中に見出す「敵としての男一般」が、差別者としてのそれである時、女自身の中に巣喰う「敵としての女一般」とは、自分の値札を男よりか低く見積もることで「女の幸せ」とやらが手に入るんだ、という意識、無意識にしみついてしまったその思い込みだ。女が妻として、母として己れを安く売り続けてきた裏をさぐるには、そうさせる歴史的社会的背景と共に、待ち続ける奴隷としての「女それ自身」を知らねばならない。男をはさんで反目し合ってきた、その女の歴史性とは、男に向けては自虐的に、女に向けては加虐的に己れを作用させる、その血肉化してしまった志向に他ならない。

コレクティブに馳せ参じてきた女たちの、その過去をとらえ返せば女らしさの抑圧を具体的体験として豊富に持つというより、自分で自分を「特価品の女」だと思いつめ、追いつめしてきたという類似点が浮かび上がる。前述したアリに限らず、女たちが個々その身に負った原体験は、確かに女たちのかつての日常を重くとり囲んできたが、しかしそれを口に出さねばこの世が採用している女の序列表にもぐり込める余地は充分あったわけだ。が、しかし、それは理屈の範疇というものであって、ひとつかけ違ったボタンは、これでもかこれでもかとばかりに、女を壁ぎわに追いつめていくものだ。

女にとって支配／被支配の歴史が、女の子宮に加えられた卑しめの歴史としてある時、〈女であること〉の鮮烈な原体験をその個人史の中に刻み込まれた者は、逃げ場のない逃げにその身を物狂おしくさいなませ、さすらっていく。

そういう女たちにとって、既成の女性解放論理はどのようなものであったか。

「女の解放はまず経済的自立から」という、十年一日の如く主張するそれは、逃亡者に孤立無援の己れ、解放論理からも見放された己れを実感させる以外のものではなかった。

己れから逃亡すること以外その念頭にない者にとって、「定職」をもつこと（経済的自立）の必要性は理解し得ても、そこに己れの重心をかけることはできない。犯罪者と呼ばれる人びとが、一様に職業を転々とさせている事実は、故ないことではないのだ。

誤解のないようにいい添えておこう。

コレクティブの女の、その全てが、中絶、強姦、近親相姦等の過去をもっているとあたしはいっているのではない。それどころかどのような「原体験」らしき痕跡も、その過去に見出し得ずに、しかもさすらってきた女さえいる。とにかくこの世が女に要求するその役割というものが厳然とあり、それを満たすためには、自己執着を切り捨てて、お仕着せの女として生きる以外にない以上、女の生き難さという生き難さは、等しくまだ見ぬ己れを求めてのさすらいを伴うのである。つまりは、定職を持ってスッキリシャッキリがんばれるような女は、決してその数は多くないということだ。その事実を見落した女性解放論理は、仏作って魂入れずの、空文句を並べたてるだけで、生身の女の脇を素通りしていく。

しかしいうまでもなく、〈パンだけで生きるにあらず〉の己れを求めて、コレクティブなどという盲へビに怖じずの試みに、あたしたちが思い惑い少なく参加し得たその裏には、明日のパンを心配しないですむ生活を、その過去に得てきた事実が存在する。その事実と自己執着の弱さこそ、コレクティブに於て女たちがためらい少なくパンツから歯ブラシに至る「共有」に飛び込めた背景だ。この世に於ては、自己執着の弱さは物質に対する過度の執着か、無関心かのそのどちらかを産みだしていく。

なぜコレクティブか

「支配秩序は、おじいさんは山へ柴刈りに、おばあさんは川へ洗濯に、という男女の固定化された分業にその根底を支えられている。この社会に於て、女がどのように己れを求めようと、『女だてらに』『女のくせに』『女ながら』という具合で、女は本来川へ洗濯に行くべき者〈子産み、子育てに専念すべき者〉としての強制はついて回る。しかし、女は川へ行かねばならないという、外側からの強制は比較的視えやすい。賃金格差、結婚退職制にみられるように、その押しつけはあまりにも露骨だから。問題は、その強制が長い歴史過程の中で、いつのまにか女の中に〈川へ行ってしまう女〉をつくってしまったことだ。〈女らしさ〉が無意識領分で操作されているところに、性差別の呪縛の、その解き放ち難さがあるのだ。

固定化された男女の分業を根底に、一夫一婦制度が形づくられ、男と女の白々しくもワイセツな関係と、男をはさんで反目し合う女同士の関係が産み出された。

男に〈七人の敵〉があるならば、女の敵は自分以外の全ての女だ。ということは、女にとってあらゆる女は、己れの分身に他ならない。女は、女をよく映す。

男と女も共に相手を映し合うが、男に対して〈川へ行ってしまう女〉としての己れがいる以上、その鏡はとかく曇りがちだ。男とうまくいっている間は、媚びる自分などどこまでも許し続けていけるのだから――」

というような理屈をもって、あたしたちは、「なぜコレクティブか?」の旗を掲げた。女同士お互いを鏡としていく中で、一体どのような方向性がでるものなのか、そのあたりは一切ノーコメントのまま、まずは「イワシの頭も信心から」のあたしたちであった。いってみれば前述の理屈は、そのための念仏に他ならなかった。目を見交し、袖をひっぱり合う世間サマに向けての、それは表看板として機能してきた。そしてその裏にかくれて、女たちは、心ゆくまで傷のなめあいにいそしみつつ、まずは、

「ウーマンパワーになることもできず、かといって花嫁修業に徹底することもできず、何でも中途半端でダメだ、ダメだといわれ続けたダメな女は、女を生かさない、生かせない、この体制の中では、オロオロする術しか知らなくて当然だったんだ。それであたりまえの女じゃないか!という想いの中で、あたしはリブを始めた」(アリ「あたり前の女から」)。

とにかく生まれて初めて徒党を組んで堂々と、あたしたちは、己れのダメさかげんに開き直った日常を、一年間目いっぱい送ってきたのだ。そこから知り得たことはコレクティブという形態が、食って寝てただそれだけでも生き難いこの世を生き抜く、またとない弱者の知恵だということ。なにしろあたしたちは、去年いっぱい稼ぐでもなし、喰いっぱぐれるでもない、まことに結構な生活を送ってきたのだから。といっても金のなる木のあるハズもなく、実際には唯一の現金収入をウエイトレス、指圧、ヌードモデル等のバイトに頼ってきたわけだが、しかし、実感としてはなんということなく食べてきた気がする。それというのも、働きたい者が働く、というこの世の天国としてコレクティブが営まれてきたせいなのだ。

そんなコトができたのも、家賃と食費と月々のおこづかい（一人月三千円）、それに活動費以外は、これといって金のかかりようがない生活をしていたからで、そこでは大体月一人五千円程度あれば、なんの憂いもなく〈パンのみにて生くるにあらず〉の道を追求し得た。家賃も、電気やガス代も、衣料費も、食費も、共同体であれば、一人あたまの支出は驚く程わずかだ。逆にいえば、一人ひとり別れて暮すやり方は驚くほど金のかかる仕組みになっているということだ。もっともコレクティブのその日常はかなり切り詰めたものだった。フタをとるとふくらんだ麦がズラリ勢揃いしてるかんじの、麦と米半々の主食、そして動物性タンパク質は安いタマゴやソーセージに頼っての食生活が、そこではもっぱらであった。しかし、かたわらに競争者を置くと本能的に増す食欲のおかげで、誰ひとり病気にもならず、とにもかくにもこの乱世を、みな人並みに生きてこられた。

女はやさしくない

さて、ではコレクティブ全て万々歳かといえば、もとよりそんなうまい調子にいく訳もない話で、闇夜に素手で飛び出した己れたちの蛮勇こそ今しみじみと想うのだ。

その過去に於て「女同士は親友になれない」と、なんの疑問もなく思ってきたあたしたちであれば、コレクティブを始めて、まずしたたかに思い知らされたことは、「女はやさしくない」という、そのこと。

こんなことがあった。深夜の会議が終わって、さあ寝るぞ、という段になって、その時ひどく疲れていたあたしは、敷ブトンが敷かれるやいなや、一人お先にとばかりドテッと横になった。「それ、かけてくれない」。掛ブトンを整えていた一人に、あたしは頼んだ。「図々しい……」。その女の口からもれたひとことが、あたしの背筋を凍らせた。

その女も疲れていたんだろう、と想う一方で、もしも頼んだ者が、彼女の男だったら……、と想ってしまうあたしがいて、己れの疑惑の浅ましさに二重に打ちのめされるのであった。

「二十五歳はお肌の曲がり角」などということばが冗談として、誰彼の口から大手を振って飛びだした最初の頃より現在に至るまで、女だけの共同体は、満身創痍で走るを常としてきた。浮かず沈まずの危い緊張を保ちつつ、とにもかくにも一年半近い日々が手さぐりされてきたという訳だ。

「炊事や洗濯はどうやってるんですか?」。コレクティブについて、決って聞かれる質問として家事がある。どうも察するところ、コレクティブなどと意気がっても、才ある者が実権を握って、その日常を専制支配しているのではないか——の疑いあってのことらしい。

しかし家事に限らず、コレクティブは、常に平等を原則としてきた。ここでいう平等とは、誰でも己れの可能性に執着し続ける権利を持つ、といった意味での平等だ。つまり、「いつも自分ばかり家事をやらされている」とグチる者は、なぜ自分は家事をやってしまうのか、をこそ問えというわけだ。己れの可能性に執着し得ない女はともすれば、「こんなあたしでよかったら……」という想いを貼りつかせつつ、家事を己れの分と心得がちだ。しかも、それを指摘されると、さらに深く「ダメなあたし」に埋没しようとするさまはやりきれぬ。

「そんなに自分のことをダメな奴だと思ってるなら、いっそあたしの目の前で首くくってくれないか。いいとも、一部始終見てやるさ」。ダメな自分をトコトン見据えるならまだしも、うなだれつつ「女ってダメだなあ」と、自分のダメさ加減を女一般に還元してしまうそのいいかげんさに、あたしは思わずそんな酷ないい方をしたことさえある。お手軽にダメだと思ってふさぎ込む女は、その心底ではダメだなんて決して思っていやしない。ものごと全て過程あっての結果なのに、早目に尻尾を巻きあげて、自己放棄した結果得るべくして得た不首尾を、どうせ自分はダメなんだから、とその身にいい聞かせることによって正当化しようと図っているのだ。その裏には、〈ダメで当たり前な女〉という、俗にいわれる女の劣等性なるものを、当の女が暗黙に認めている、その奴隷の従順さが黒々とうずくまっている。

一人で生きてゆけぬ女は、生きてゆけないふがいなさを、並の女より己れの負った闇は重いのだと、その傷口をなでさすることによって、満たせぬ想いをなぐさめがちだ。常に隣の家の花は赤くみえるもので、他人サマをうらやむ心のその裏で、己れの傷口を凝視するのではなく目をふさぎ抱きかかえることで、そのダメさ加減を肯定しようとする。

しかしかつてはどうであれ、生きざまとは常に現在が問題なのだ。どんな個人史をその過去に負っていようと、ダメはダメ以外のものではない。

個人史を語る中でしかコミュニケートできない、という場合、ともすれば落ち込むまちがいは〈ダメな現在〉のその依ってきたる所以を、かくかくしかじかと語り合う中で、お互いに武装解除して、「ああそうだったの……」とばかり、そこでなにほどかをわかり合ったと錯覚しがちなことだ。

しかしうまくいってるもので、衣食住の「共有」がたてまえのコレクティブである限り、共有できない個人史は、日々鮮明に迫ってきて、ともすれば日常起居を共にしてるという、その繋がりをアテにしがちな女たちの背をド突く。

真に「共有」できるもの

ヒトは、おかずの選択、ハシの上げ降ろしに至るまで、その行為のひとつひとつに、十人十色の個人史をにじまさずにはおかない。

前述したように、コレクティブではその日常、麦メシまじりの主食をもっぱらとしていたが、今は沖縄へ行っているタケは、それを惨めと感じて、一人白米飯を炊いて食べた。麦メシにもの珍しさを感じる女たちには、タケのあこがれる白米が迫り、麦メシにかつての己れを想い出すタケには、忘れたい麦メシが迫る。オチオチ飯も食べていられないとはこのことだ。

「このあいだ家に帰ったら『お茶がないんだろ？　少し持っていくかい？』といって母がコナ茶のカンをあけてあたしに見せた。母は、こと食いものになると、なんでも安くて量のあるものばかり。高校生の頃、金持ちの友だちンちへ行った時、母がやっぱりお徳用の、粗末なお菓子をたくさんもたせてくれたことがあったっけ。あたしはそれを出すのがイヤで、でも何も出さないよりは、と思ってさし出したところ、その家のオヤジさんが『こんな菓子は喰えない』といっているのがそれとなく聞えてきて、とうとう最後まであたしの持って来た菓子袋の封は解かれなかった。

コナ茶をさし出されてドギマギとしたあたしの顔色をみて、母は、『恥ずかしいからよそうね』といって、ズングリしたその背を丸めて、サッサと片づけてしまった——。

コレ（コレクティブの略）にいて、あたしはコナ茶を飲んだことがなかったな……。コナ茶というのは、渋くて濃くて、そしてなによりも量があるのに。それを知ってて、あたしはコレでいいお茶ばかり飲んでいた。コナ茶には言葉にならないドギッサがあってあたしはキライだ。コナ茶の味は、煙突、振動、鼻を突く臭気、日雇労務者、白痴、飲んだくれ、その日暮しの町工場、朝鮮人、ドブネズミによく似た子ども、光が目に痛い風景、卑猥な笑いに満ちた人間関係……、を想い出させる。

小学校の同級生の三分の一ほどが中卒で働いていると聞いた。今でもその割合に大した違いはないらしい。

あたしの家はイス四台の床屋を営んでいたが、それでもその風景の中ではきわだって小金持ちだった。家庭教師こそつかなかったが、小学校の時からさまざまな塾に通わされ、中学ははるか千代田区の女子私立に入学させられた。

コナ茶を飲みクズセンベイをつまむ一方で、電子レンジ、ダイヤの指輪、毛皮、三十万近いステレオを買い求める両親のもとで、あたしはいつかしら隅田川の川向こう、『山の手』と呼ばれるところに住む人々の仲間入りを、心の底に願望するようになっていった——。

コナ茶をもってコレに帰れないあたしに気づいた時、そこにあたしと他の女との距離がごまかしようもなく視えた」（サチから来た手紙）。

あたしたちがこの世において真に「共有」し得るものは、いま現在の状況以外ではない。日常の行為を通じて個人史を語り、その個人史が他者のそれとの間に引き起こす亀裂を通じて、あたしたちは、この、己れが生かされている悲惨な「現実」、その闇を、己れの闇をもって知っていくのだ。すなわち、己れのひっかかえた痛みへの執着、その己れの地獄を馳け下っていく中で、この世が世であり続けてきたことの本質に迫っていくことにそれは他ならない。「個人史を語る」ことが、この世の現実を透徹するものでなければ、それはただひた隠しにしてきたものをやっと口にできました、といった次元のことに止まる。「主観も徹すれば客観に通ずる」道とは、個人史を語る中で被抑圧の歴史を、状況を語る、その道だ。その時あたしたちは、個人史の違いを越えて、お互いの闇を共有していく、いけるのだ。

いまだコレクティブの女たちはお互いに、他人サマのことなど例えまちがって踏んづけても「痛い」といわれなければ気づかないような、そんな程度のやさしさしか持ち得ていない。反目するか、なれあうか以外の関わりしか持ってこなかった、その女の歴史性は容易なことでは解かれない。

ヒトは、己れと出会うことなくして、誰とも出会えない。「個人史を語る」中で己れと出会い、女と男と、そして世界と出会っていく中で、寛容でもなれあいでもないやさしさを、あたしたちは、その関係性の中に育んでいくだろう――その確かな予感の中で、まずは己れとの出会いに執着し続ける女たちなのだ、コレクティブなのだ。

なぜなら「やさしさ」とは、絶望の中に甦える人間性としてあり、その絶望は自己執着の果てに出会っていくものなのだから――。

いま、あたしは共同体についてあるひとつの認識を得た。共同体とは、その日常性に対して共犯を意識する者たちに依って営まれ、その存続は一にも二にもその醒めた意識にかかっている。あたしたちが一年余にわたって共犯してきた最大の日常性は、「やさしくない女同士」のその関係性に他ならない。

アリが子どもを妊った。沖縄へ行っているタケとスガの子どもを含めると、我がコレクティブはすでに四人の子持ちだ。女たちは、毎月十何万円かを貯金して、来年早々には店を持つ、と張り切っている。どんなふうに育てていくか、そのあたりのことは、まあおいおいハッキリしてくるさ、とにかく今はあんな顔のがもう一人生まれてくるなんて、ハハハ、それを考えただけでも楽しくって。

女たちは、自分たちの運動を十年単位で考え始めている。なにしろ、あと六、七年たてば寺子屋つくって就学拒否闘争だって打てるのだから。どうやらこうやら、コレクティブは、その腰を据え始めたようだ。子どもを中により強い共犯関係が形づくられつつ、いま、ある。

［初出『講座おんな③』72年11月、筑摩書房］

燃えよ、コレクティブ

我らが暮しの秘密

ああ、それにしても「新宿センター」なんて名、付けるんじゃあなかった。「コーナー・どてかぼちゃん」あたりにしとけばよかったんだ。と知った時には手遅れで、なまじセンターなんて名乗ったもんだから、そそっかしいのが本当にセンターだと思ったりして、寄らばセンターの蔭とばかりにアテにされ、アテにされりゃガンバリたくなるのは人情で、バカ、セッセと励みに励んで、ああ、忙しい。もうメチャクチャに忙しい。

「アノー、ぼくの彼女、妊娠しちゃって、いまもう三カ月なんです。お医者さんを紹介してくれませんか」「このグループの連絡先を教えて下さい」「Hallo, my name is Jane Smith……」「いま優生保護法の方はどうなっていますか？　地方に居るとなかなか情報が入らなくて……」。東西南北、日本語、英語、日に夜を継いでかかってくる電話の数もスゴいけど、訪問客も多いんだなあ。

卒論のテーマにリブを選んだので、お話を聞かせて下さい。ウチの娘が家出したんですけど、来ていませんか。前々から、東京へ行ったら一度ゼヒたずねようと思ってました。私の知り合いのミズ・ハンセンというヒトが、日本のリブの方と話をしたいというものですから。彼女は、あさって帰国するので、なんとか今日、明日中にお目にかかりたいのですが……ｅｔｃ。

電話や訪問客だけなら、忙しい忙しいといってもタカが知れている。中絶・ピルのための相談なら毎週水曜日、講師を招いての土曜の夜のティーチイン、リブニュース『この道ひとすじ』は月一回発行で、集会があれば駆けつけて資料を売り、売るからには資料を作製しなけりゃならないし、ビラまき、裁判傍聴、デモ許可の申請、会議につぐ会議の合い間を縫って、電話に出て、ヒトに会う。フーッ。

閑古鳥が鳴いているよりは忙しいに越したことはないけれど、それにしてもうれしい悲鳴というのも程度問題だ。第一、喰いっぱぐれてしまう。

つい先日、青山あたりのマンションにお住いの方から「ルンプロ宣言をしましょう」と記されたお便りをもらったけれど、宣言なんてあらためてしなくったって、こちとら今じゃ押しも押されぬルンプロだァね。

たまにイヤ味まじりに、田中さんは有名人だから……などといわれるけれど、月二万五千円ほどの収入で喰っている、エンゲル係数百％の有名人なんて、どこにいるか！

そのあたしが三十歳で最年長、次が米津とＰと朝日さんが二十五歳、そのひとつ下がカリドで、ケイが二十三で、つい先日の二月十五日にサチ二十二の春を迎えたばかりで、〆めて七人、平均年齢二十五歳。これがリブ新宿センター、他人《ひと》呼んでリブセンに常駐する七人の侍ならぬ女たちで、家賃六万、2LDKのそこで生活しつつ活動して、早や一年と五カ月余り——。(といってもあたしとPと朝日さんは、別にアパートを持っているけど)。

むろん、全員働いている。この一月から定職持ちがメッキリ増えて、米津は夕方の四時から十一時まで駐車場のキャッシャーとして働き、カリドは朝八時出勤の美容指導員で、サチはサウナブロのお茶汲み、そしてケイは通いのお手伝いさんに志願中で、朝日さんは目下ホステス稼業に精を出し、残るPは時折あり付くデザインの仕事で細々と喰いつなぎ、そしてあたしもマレに入ってくる執筆！　の仕事で、どうやら生きながらえている。

生きながらえて当たり前だ。下着はヒト目をはばかるボロだし、靴下は、左右色が違う。化粧品の代りに顔にツバキを付けてすませ週刊誌は拾って読む。ツイてる時は衣類や靴も拾う。お菓子類はもらう以外はめったに喰わない。今どき七人分の夕メシと朝メシのおかず代を千円札一枚でまかなってるっていうのだから知るヒトは驚く。去年の暮れから主食は麦をやめて玄米にしている。健康にもいいしネ。

唯一のゼイタクは、猫を四匹も飼ってることだけれど、猫の方もよく心得たもので、エサが気に入らないと、よその家のドアの前で鳴いている。この親にしてこの子あり。

昨今、やれ節約だ、それ節約だと、世をあげてかまびすしいが、なにを今さら川端柳。最初から節約しようにもできない生活の気楽さ、気強さ、小気味よさ。それに、我らがリブセンは、物置き代りのベランダと、わずか一メートル離れて三本の高速道路が走っているという、テクノロジーさまさまサンマの尻尾の先端に位置する、新宿は初台近くの下駄ばきマンションのその四階で、日がな一日排気ガスの洗礼に浴して暮す生活であれば、抵抗力はいや増すばかりで、早くも終末の夜空にゴキブリと、肩組んで口笛鳴らす。世の中が暗くなった分だけ確実に明るくなった我らが暮しの秘密をさぐれば、やはりなんといっても「団結」ですね。

パキスタンという国では、推計失業率三十八％という社会事情のきびしさゆえに、収入のある者のまわりに一族がぶらさがって喰わしてもらうということがごく普通のことになっているそうだ。しかも「養っている」「養ってもらっている」という考え方はみじんもないとか。なにしろ回教の聖典には、金を持ってる者は、持たない者に施しをする「義務」があると明記されてあるそうで、乞食も警官も金に困る者は、堂々と手を差しだして「喜捨」を要求する習しが世に染み透っているという。

唯一知ってる〈目には目を！　歯には歯を！〉という回教の教えも、買い占め・インフレ・物価高の、この乱世をしたたかに生きぬくための方針として、ふるいつきたくなるほど正しい（殺られたら殺り返せ、トイレットペーパーなんて行列作って買うバカいるか！　ＮＨＫの、厚生省の、日本石油のトイレに行きゃ、上等のそれが、人待ち顔で幾巻も行列作って待ってらあ）。そしてまた、所有と非所有を結ぶ、「喜捨」の習しというのも、実にいい。実感としてそう思う。

とかくメダカは群れたがって当然、助け合って当然。コレクティブと呼ぶ女だけの共同体を組んで三年半のこの方、あたしたちは金のある者が金を出すのは当然の生活をもって、互いに支え合ってきた。

一週間人並みにガンバると、次の週は一〜二日、確実に寝込んでしまうような、齢のせいか体質ゆえか極めて虚弱なあたしめが、アップアップしつつも今日まで生きながらえてこられたのは、まったくもってコレクティブのおかげです。千円あれば五百円、五百円あれば二百円、目クソが鼻クソを励ますようなヤリクリであったとしても、あれば必ず助けてくれる他人が身近にあればこそ、ない主体性もかき集めて、たまにはいい顔もできた訳です。——気分によってはしみじみと、心からの感謝を込めてそう思う。が、所詮謙遜は凡人を飾る装飾で、喉元すぎればなんとやら……。

ひたすらいいことを求めて

根がアマノジャクなせいか、あたしは、お世辞にしろ、よくやってる、偉い！　などといわれない方が気が楽で、バカにされついでに、好き勝手なことができるもの。ムロン今だって、他人サマから見れば、いいかげんもいいかげん、充分好き勝手なコトをやってる風に見えるだろうけど、ヒトの欲と浜の真砂は尽きないものよ。お前たちは自由を満喫してるンだろう、とあたしの母は嘆いていうが、お母さん、あんた、そりゃ考えすぎというものだよ、舌なめずりはしていても、満喫なんてしてるものかね。

その昔、「女訓」や「烈女伝」などが説いた教えは、「不退転の意志、神のような寛容」、それに「夜は人よりおそく寝て昼は人が寝ても寝るな」式のハガネのような肉体等、どれひとつとっても「超賢女でなければつとまらぬ類いの女徳のみ」だったそうだ（高群逸枝『女の歴史』）。他人サマの先頭に立つ人間に対しても、これに似た体力、知力、意志力がとかく要求されがちで、また実際そうでなければ勤まらないのが指導者とか有名人とかいわれる類いのヒトたちだ。

体力ひとつとってみても、一カ月のうちの四分の一は、天井見上げながらしみじみと、人間、気力でガンバるといったところで、気力も体力のうちなんだなあ……とつぶやいているような人間は、所詮有名人にも指導者にもなれるハズがないのであって、従ってこの世に害毒をまき散らす率も比較的少ない。そのことこそが己れの取り柄と心得て、生きていきさえすれば問題はないものの、皮肉なもので、己れの分がわかればわかるほど、その限界線をいくらかなりとも突っ切りたいと願望し、焦燥するのが豚児の豚児たる由縁——。そうなのだ、「コーナー・どてかぼちゃん」と名乗っとけばよかったと、今にして悔んでみても、もう遅い。七人が、揃いも揃ってもう遅い、「センター」の看板掲げたその裏で、無才・無能・むさくるしいのが、相寄りそってすすり泣く。

リブニュース『この道ひとすじ』はとてもおもしろいけど、みんな文体が同じですね、というようなご批判は、たとえ気づいていても心あらばいってくれるな。胸にギクッと響いた分だけ、まなじりは決起して、ケッ！　自分の文体持ってるようなら、こんなところ居るか！　半分開き直りで、半分は本音の啖呵のひとつも切って見せねば、我が身へのやり切れなさが収まらぬ。そう、人間、意地がなければダメなのだ。己れを並みの女と知れば知るほど、残るは意地の咲き較べ。

だってそうじゃないか。去年は、みなパートタイムで稼いでいたから、その生活たるや凄絶の一語に尽きたけど、今年は前述したように定職持ちが多くなったから、いくらか所帯にゆとりが生まれ、飼猫にだってそう不自由な思いをさせずにすむだろう。と思いたいのは山々なれど、今年は寒の内から忙しかった。去年だって、フッと気が付くと、夜中の三時四時になってるのがザラの生活だったのに……。これじゃ定職持ちはつらいぞオ。それに大体、我らがリブセンは一事が万事、やらずぶったくりの貫徹してるところで、集会に資料を売りに行く、その電車賃は自分持ちで、売れた資料代はナゼか全額センターのもの、という按配。〈身ゼニを切ってやる運動は所詮長続きしない〉の原則は、所詮原則に過ぎないことが多々あって、一人頭二万五千円はどうしてもかかる生活費の、そのまたかなりの部分が活動費となって消えていく過酷な現実――もとよりバカでなければ勤まらぬ。にもかかわらず、世間サマは、とかくないものねだりをなさって困る。

体力、知力、意志力の、どれをとってもカツカツの、群れ集うメダカにも似たあたしたちに、利口で意志強固で寛容、責任感厚く心やさしい「期待されるべきリブ活動家像」を押しつける気もなく押しつけてくる。とまどいつつも、あなうれし。いくらかなりとも期待に沿おうと、あがけばあがくほど喰いっぱぐれていく者に、「あのヒトたち、バイトだからできるのよネッ!」の陰口が、また、そこはかとなく追い討ちをかけてくる。

こういう状況の中で、それでも屈せずあがこうとすれば、人間、否が応でも楽天的になりますね。ハハハと高笑いしていれば、悪口は聞こえない。バカと子どもは、生活を陽気にするのデス。その悪酔いしたような陽気さの延長線上で、目をつぶったりあけたりしながら首を振り振り三味線を、乱れ弾く想いの三六五日。が、しかし、周囲の思惑や、半ばしたくてやってるビンボーのつらさや忙しさは悪い冗談として笑って括ることもできなくはない。問題は……。いつかの『婦人民主新聞』に、「東京こむうぬ」のことが載っていて、「ここでは、徹底的に個々がエゴを出し切っている……」と記されてあって、あたしは思わず苦笑した。〈贔屓の引き倒し〉っていうのも困ったものだ。

苦しむのにも才能がいる、ということばがあるように、狭い、大変な空間の中で、一人ひとりがエゴに徹するというのも、これまた大変な才能が要求されるのですよ。「才能」ということばが誤解を招くようなら、「自己執着」といい変えてもいい。

共同体ができました、さあ、みなさん、エゴイスティックに自己に徹しましょう、と意思一致とやらを図ったところで、己れに徹して喰って寝て、今泣いたカラスがもう笑って怒って暮していけるのは、確かなところで子どもと猫ぐらいのものだろう。つまり、あたしや「こむうぬ」の武田美由紀みたいな女は、いってみりゃ子どもや猫並みなんだよ。その身勝手さ、その自己執着の深さにおいて――。

己れに徹するとは、己れに淫することだ。幼い日々、日の暮れるのも忘れて遊びに淫した、あの身を貫く、熱い自己執着を再び我が身にとり戻すことなくして、なにが己れが解放か！　己れに淫せずに、男に、女に淫しようったって、そうはいくか！

生きるとは血湧き肉踊るいいことのために、いいことを求めて生きること。つまり闘いも人生も遊びなのさ。遊びぐらい、人間、マジメにやるものって他にあるかよ。そういい切ってはばからないあたしは、想えばズイ分と淫蕩な女だ。できることなら四六時中、己れに淫して、ホレ切って、生きていきたい。街のウィンドウに映る己れにホレ、うまく原稿を書き上げた己れにホレ、いい男にホレた己れにホレてみる。その場合、客観的評価なんぞは二の次、三の次で、自分がいいと思い込めれば、それでいい。思い込みの強さの分だけ自己肯定も強烈で、心ワクワクしてる分には、実に生々と楽しげで、他人にも我にもやさしいが、もとより思い込みであれば、呪文の効き目に限りがあって当然で、効き目の切れ目が縁の切れ目、自己肯定の激しい分だけ、その自己否定は深刻だ。

それに主体の原点を「思い込み」に置いてるあたしであっても、やっぱりそれだけでは己れを満たし切れるハズもなく、思いつめさせるばかりで、いいことはチョットだけよ、日常のすみずみにわたって一事が万事規制してくる、クソおもしろくもないこの世が世である以上、対権力との闘いこそが、この世で一番血湧き肉踊るいいことなのだ。ところがドッコイ、あの時はおしっこチビり、魂が震え、男と寝るよりよっぽどよかった、といったところで毎日毎日厚生省に座り込みに行くわけにはいかない。

屈しても屈しても今日も明日もひたすらいいことを求めてやまない、身のほど知らずのこの手の女は、明日もまた、今日の続きかとタメ息をもらし、タカを括ったが最後、己れを満たせぬ己れが憎くて道ひとつ歩くんだって殺気だつ。「私は、アングリ・テナーマンと呼ばれているが、私はただ自分自身に対して怒っているだけだ」（故ジョン・コルトレーン）。

想えば、我が愛しのコレクティブ史は、この手のドキツイ女、その狂気が取り柄というしかない女と、善人のやさしさ、鈍感さで武装した女との間に孕まれる緊張をバックグラウンド・ミュージックとしつつ深まるべくして深まっていったのだった。

少々乱暴ないい方をすれば、書いたものなんて、血湧き肉踊るいいことをしたあとの、所詮ウンコにすぎないが、しかし例えウンコであったとしてもそのウンコは、もしかしたら一生に一度しか排泄し得ない、その時々の自分の生命の叫びを印す、そんなウンコである以上、他人サマからの、あれやこれやの評価を越えて、それは在るのでありまして、である以上、いくら三年半の長きにわたってひとつ屋根を共有してるといったところで、オイッ、サチ！　ヒトのことばでいい女ぶるんじゃないよ、あたしの生命を盗むんじゃないよ！

あたしがいったことば、記したことばをそのままオウム返しに自家薬籠中のものとして、しかも当人はそれを指摘されるまで気づかない。ある時は、書き損じて捨ててある手紙の中に、それを目撃し、またある時は、電話で語ることばの中に、それを聞き……。

むろん、日常を共にする女のすべてが、常にあたしを苛だたせた訳では決してない。が、かつてあたしは一人の家来だって、己れのものにしたいと欲したコトはなかったのだから——。赤子の手をねじるような関係が、なんでおもしろいものか！

文体が同じじゃないかとヨソ様から指摘されて、自分の文体持てるようなら、こんなところ居るか！　と尻をまくるその一方で、気易くヒトのことばで己れを語る女の、その弛緩した神経に激怒して……。

ヒトも猫もいい按配だ

あれは第一回リブ合宿を長野で終えた直後のことだ。その頃あたしたちは、本郷・西片町で間借りつつコレクティブを組んでいた。ある晩「天と地のまつり」とかいう、ごく気軽で楽しいヒッピー風の集いに参加して、夜半近くまで踊り狂ってヨロヨロと帰ってみれば、なんとその日はかねてリブ合宿の反省会を開くことになってた日で、呼びかけに応じて集まった女が十数人も、待てどくらせど来ない主催側を待っていた。いくらなんでもこんなヒドい失態は、後にも先にもこれ限りで、だからこの夜のことは、その悔しさは、今でもマブタに鮮明だ。

せっかく待っててくれたのだから、とにかくティーチインを始めにゃならんと、平身低頭、冷汗かきつつ、それを始めたのが夜の十二時過ぎ――。みな疲れていたが、延々と待ってた女の疲れを想えば、あくび一つだってロコツにはできない想いで、いわんや居眠りなど――。と思ったのは、結果から見ればあたし一人で、気がついたら、隣室から廊下にかけて、陸上げされたマグロのように重なり合って、あたしを除く全ての女が、若い眠りをむさぼっていた。参加した女の一人だって、いまだ寝入ってはいないのに――。

自分が、〈人生、意気に感ずる〉類いの古いタイプの女だとは重々知ってるつもりでも、この時ばかりは未来に対する暗い予感で、あたしは真底打ちのめされた。こんな腐った魂の女たちと、あたしは一体ナニを共有しようとしてるのか！

その当時あたしには、関わりを深めていた男が一人居て、偶然その晩居合わせたそいつがつぶやいて曰く「ミツさんが可哀想だ……」。唇をかみしめて、あたしはそのことばを聞いた。悔しかった――。

執念、といえばいささかオーバーだが、しかしそのことばに近い想いが、男のひとことから芽生えていった。誰にもあたしを可哀相だなんていわせない。例え、ホレてる男であっても……。

去年の十一月頃だったか、関西に用事があって出かけて、帰ってみたら、当時三匹いた猫のうち〈キレイどころ〉の二匹が見当らない。あたしは大体が、人間と動物の区別がよくつかない類いの人間で、猫の分までくっちゃべりつつ、自作自演の会話を長々と楽しむということが日常茶飯事によくあって、それというのもあたしにとって、猫は重要なるコレクティブの一員だった。その我が友の一部が呼べども姿を現わさず、あたしはスグさま行方をたずねた。そうしたら、前々からウチの猫を可愛いがってくれていた、上のマンションの奥さんに二匹ともあげてしまったという。エサ代が助かるから――。

カーッときた。お前たち、よくそんなマネができるな。その中で、一人として反対したものはいないのか！　例え相手が猫であれ、今日までなんらかの関係性を育くんできた仲じゃないか。大体、エサ代が助かる、なんて理由づけるほど、今までいいものを喰わしていたか！

口が曲がる程塩からいシャケの頭を、ポイと猫のお皿に放り込んで、それでエサをやったつもりの無神経さは、欲しいといわれれば、悩むこともなくポイと飼猫をくれてやれるこだわりのなさに通じていて、それはまた、指摘されると判で押したように二、三日自己嫌悪して、それで悩んだつもりの鈍感さに繋がってるように思えて、ああ、こんな極楽ブタの、もう顔も見たくないと、あたしは今日まで何べんののしり想ったことか。むろんその一方で、なんの因果でこんな退路を絶ったハリネズミのような女と、暮すハメになったのかと、つくづく身の不幸を嘆く女たちが居たわけだ。にもかかわらず、双方ただの一度だって、コレクティブの関係を解体しようと思ったコトがないという、不思議といえば不思議な関係だ。

リブをやればやるほど、惚れ手が多くなるのでなけりゃ、リブなんてやるバカ居るか！　と常日頃豪語する、そのあたしのことばを裏書きするように、捨てる神あれば拾う神あり、このところなんだかんだとあたしたちはモテ狂っているのでありますが、それにしてもほぼ一年のあまり、七人の女が全員、結果としての禁欲を保っていたとは、知る者を驚かす。たずねてきたボーイフレンドの中には、夜、女たちの間にはさまって泊っていくような強わ者が、ちょいちょい居たにも関わらず、浮いたことのカケラも起きなかったとは、なんたることか！　双方、その気がなかったんだろうといってしまえば、身もフタもないが、その日常、あまりにも「人恋しさ」が満たされすぎていると人間、芽生えるハズの恋も芽生え難くなるのかなあ。「恋」なるものと「人恋しさ」は、真鯛とめでタイ位の、近しい関係にあるようだから。

それから、なんといってもこの一年間、どてかぼはどてかぼなりに、持てる力のすべてを挙げて、リブセンターの運営に参加してきた。そのキンチョー感と引き換えに、女たちは、男といいことをする余裕を失わざるを得なかったというのが「ピル・中絶のご相談はこちらでございー」と大声で呼ばわりつつ紺屋の白バカマ、自分たちはそういった類いのことにはトント関係のない生活をしてきた、その根本の理由ではなかろうか。いくら若いったって、人間のエネルギーには限りがあるもの。無理が通れば道理が引っ込む。つまり、あたしたちは、それ程まで血道をあげて

「リブ狂い」してきたという訳だ。そして、いってしまえば今日までの、あたしたちの団結の環は、まさしくそこにあったのだ。

正確には覚えていないが、夫婦というものは、お互いにみつめ合うのではなく、ひとつの方向に向かって歩いていくものだ、とかサン・テグジュペリがいっている。夫婦じゃなくとも、「人間関係」というのは、そういった感じでいくのがいいんじゃないかな。

荒野としての社会を、その身に反映して生きる個々人である以上、まずもって互いに過大な期待をかけ合わないのが上策で、「リブことば」のひとつ、関係性を問うという、一聞耳に快いことばが、実は相手にかけた期待の裏返しに過ぎないことって多いようだよ。かつて、そういう一時期を通り過ぎたあたしだから、そのまちがいがよくわかる。そのまちがいを経て今は、ウソを生きるか、あきらめを生きるか、夢（ロマン）を生きるか、とそんな極端なコトをもし問われたら、ああ夢を生きてやるサと、迷いなく即座に答えてニヤリと笑う、あたしたちがここに居る。そう、相も変わらず極楽ブタで、相も変わらずハリネズミの、その七人がしたたかに居るだけだ。

リブセンという石の上にも三年半目、この頃はズイブンと余裕もでてきたようで、サチに男ができました。そして〈出会い〉の予感に導かれて、ケイと朝日さんは、二人で一箱のコンドームを分け合った。ケイがそんな気を起こしたのは、ほぼ二年ぶりのことではあるまいか。人恋しさが真に満たされた時、ヒトは「孤独」なるものを知るようでございます。かく申すあたしとて、ついつい先日、行きずりの、北国の男と一夜を暖め合った揚句にボーコー炎を患って、トイレとつ机の間を行ったり来たりしつつ、この原稿を書くハメとなり、してカリドは、バイトで通ってるバーで、マゾの男と今度寝る約束をしてきたそうで、おもしろそうだから見にこない？　と悪い冗談口にする。その他の者も、大体以下同文で、猫はといえば、お仙はガリの子を孕み、そのガリは、いまオス猫山ちゃんに恋慕して、もっぱらバイセクシャルに励んでおります。
ヒトも、猫もいい按配だ。春、萌ゆ。

朝顔は　バカな花だよ　根もない竹に
　　生命までもと　からみつく

［初出『女・エロス』2号、75年4月、社会評論社］

窓をあけてよ、りぶりあん

生きてく手ざわり

何処にいようと、りぶりあん

時につくづくと思う、不思議だなあ、カラダって。

われ思う、ゆえにわれあり、のそのわれこそが「あたし」だと思っていたら、カラダの中にもう一人のわれが居た。人間以外の生きものは花でも虫でもケモノでも、そんなカラダの中のわれこそがわれ、その命じるままに思うことも迷うこともなく生きているのかもしれないな。昔飼っていた猫、おなかをこわすと足元の雑草をムシャムシャ食べる。なんでこの草を食べればおなかがよくなるってことがわかるんだろう、と不思議に思ったけど、カラダが知ってたんだね、そういうこと。

何も思わなくてもわれは在る。花や虫や鳥の存在が実に人智を越えてあるように。その一点では、人間も花も一緒である。ともにある、ともに生かされてる、やすらぎの中でよみがえる力。

カラダにいいことしたかったら、たまにはボケッーと花になろう、虫になろう。


（くらしの女性学）

［初出「からだからの女性学」『京都新聞等／くらしの女性学』83年2〜6月号、共同通信社配信］

子連れブタ参上

今日もニコニコ極楽トンボ

先日、保育園に息子を迎えに行った時のことだ。玄関で何組かの親子といっしょになった。中の一人の子と目が合った。しごく真剣な顔で彼がいった。

「あのネ、ラモンくんのお母さんってへんな人ねって、ボクのママがいってたよ」

エエッ？　というかムム……というか、とっさのことでさすがのあたしも目をシロクロ。日頃もしかしたら、ヘンなヒトなのかもしれないなあ、と自分自身思わぬでもないけど、こう面と向かっていわれるとネ、ちょっと返事に困る。

でもあたし以上に困ったのはその子のお母さん、聞かなかったフリしてソソクサと逃げてしまえばいいものを、

「そんなこといわないでしょ！」

「いったよ、ママは」

「あんたの聞き間違いよ」

「ウソだい、ママは自分でいったくせに！」

時ならぬ親子ゲンカが始まっちゃって、こっちの方がソソクサと逃げだしたかった。一度帰った子がもどって来て「おばさん、ゴメンね」。気にしてないのに……。謝まらなくったっていいのに……。

まったくもって年がいもなく子どもと一緒にヒゲダンスを踊っちゃったりする方だから、そういうあれやこれやをかい間見ていて、かねがねヘンな女だなあと思っていたんじゃないかしら、その子のお母さん。しかもついこの間、あたしと彼女のいるそばで、双方の子どもらがつかみ合いのケンカを始めたのだ。

むこうは必死でケンカを止めているのに、こっちときたら、おもしろそうな顔でノホホンと見ていた。

子ども同士のケンカは、危険がないかぎり、したいだけさせとく主義だし、それに相手は年長組だから、ウチの子がやられるのは目に見えてたし。この頃彼は、母親が近くにいると、イイ気になってケンカをおっ始めるフシがあるから、ちょうどいい薬じゃワィと思って傍観してた。

案の定、あとでラモンは、蹴られた脇腹をさすっていたけど、まあ、そんなことがあって、ついそのお母さん、日頃の確信を深めた思いで「ヘンな人ねえ」とウッカリ子どもの前で本音をもらしちゃったのではないかしら。

かくいうあたしも、独断と偏見にかけては人後に落ちないクチだから、ソッともらしたつもりの悪口がいつ子どもの耳に入って、似た様な窮地に立たされるかしれたもんじゃない。

で、とある友人に、ねえ、これがあんたの子どもだったらどう対処する？　とたずねてみる気になった。彼のヒト曰く、

「まずギャハハハと笑ってサ、『すいません、〝ヘンな人〟っていったんじゃなくて、〝ヘンな顔〟っていったんです』っていうのはどオ？　アラッ、そのお母さんもホントは、〝ヘンな顔〟っていったんじゃないの？」

ンもお、ふざけないでよ！

でもそんなことがあったせいで、今はそのお母さんと笑顔であいさつをかわす仲となりました。人間、本当のことをいっちゃうと胸のつかえがおりるかもね。

どういう人かはだいたい、顔みりゃわかるんだから、〝ヘンな顔〟をかくせない以上、ヘンかヘンじゃないかの判断は、あなたまかせの気楽さで、今日もニコニコ極楽トンボ。あんがい、それで通っちゃうんだから、思えば不思議よね。

子どもは荷物じゃないよ

少し前、近所に住む友人が子どもを一晩預ってくれ、といってきた。埼玉あたりに住む恋人と「いま寝たいのよ」とズバリいわれて、少々たじろいだ。

以前二カ月ばかり彼女の家に、ラモンぐるみ居候させてもらった関係——つまりそういう義理人情からいけば、預かるべきだったのかもしれない。でも、あたしはイヤだった。

その子は、今年小学校にあがったばかりの男の子で、一見かなり自立してるように見えて、決してそうではなかった。母親が仕事から帰ってくると、彼の声がベタベタと甘えるかんじになったり、母親が疲れていようがいまいが、絶対本を読んでくれなきゃ寝ないとダダをこねる様子などを見聞きしていて、そう思った。

十九歳の若さでその子を産んだ、いわゆる「未婚の母」の一人である友人は、自分自身の生きてく方向をたずねることに精一杯で、その子など眼中にない生活を長く続けてきたらしい。自分のしたい事、行きたい場所があると、親や友人、子の父親などに子どもを預けて、ヒョイヒョイと身軽に飛びまわってきた。

彼女が近くに越して来た時、ガス台がなくって炊事ができないというので、二日ばかり一緒に食事をした。そして三日目、食べないで待っているのに、夜の七時になっても来ない。五分程離れた彼女の家に、ラモンと共に行ってみた。

子どもが一人で留守番をしていた。

お母さんはどこ、と聞いても今日食べに来るの、と聞いてもウンでもスンでもない。部屋から出てこようともしない。そして台所と部屋の間のガラス戸を閉めて、開かないよう手で押さえ、「ラモン、入ってきちゃダメだよ、ボク、テレビ見てるんだから」というではないか。

子どもがやったことといえこれにはアタマに来た。母親はその日ガス台を買いに行ってたのだそうだ。つまりその夜の食事は、自分の家でするということがわかっていたから、そういう失礼なマネをしたとしか思えない。行き先を告げずに出ていく母親ではないのだから。なんたるエゴイズム！

一晩子どもを預かってくれ、といわれたのは、そんなことがあったスグ後だった。自分本位に行動する彼女の、そのエゴが、そのまま子どもの中に住みついてるさまを見たあとでは、気軽にウン、いいよとはいいかねた。それに、どうして子どもと一緒に恋人のところへ行かないんだ？　将来は一緒に暮すとか誓い合ってる仲なのに。

それやあれや、口元まで出かかることばを押さえて、実はその時あたしは今回だけは預かろうと思っていたのだ。いいたいことはその後で。だってアタマから断われば、フン、世話になるだけなっておいて、と思うかもしれない、というモト居候の遠慮から。

でも結局、偶然子の父親から連絡が入って、いいとこ幸いとばかり子どもは彼に託された。であれば、実は今は子どもを預かれない、いや預かるべきではないと思う、なぜならば云々という具合に本音が吐けた。吐けはしたけど果して、充分理解されたかどうか……。

よく、子どもを預かりっこすれば助かる、と女たちはいったり思ったりするけれども、子どもは荷物ではないのだ。

時には預かりたくても預かれない場合もあるし、ウチの子は今は預かってもらえるような状態じゃないけど、あなたンちの子は預かるわョという関係もあるわけで、そんなこだわりのない関わりの中で、子育てができたらいいな。

そういう関わりを持てる友人はいても、子どもを預けるには遠すぎて、いまラモンは、時たま夜、一人で母の帰りを待つという身——。（わたしゃ地震が心配だ）。

白いオクスリ

ふろ屋に行ったら、前のアパートの奥さんも来ていて「ねえ、お宅の隣、引っ越したの知ってる?」っていうから、エエーッホントオ?　って思わず大声を出してしまった。

そうかあ、引っ越したのか……。どうりでこのごろ明かりがついていないと思った。「ママ、良かったねェ!」。四歳のチビがしみじみとした声音でいうからおかしい。湯ぶねの中で手足を伸ばす。ああ、いい湯だ……。

去年の夏のこと。突然隣の男が、わが家の戸口に立って、ものすごい声で怒鳴った。「何度いったら、わかるんかあ!」。黒いズボンと裸の上半身、憤怒に燃えた目に仁王立ちの足――それらが一度に目に飛び込んできた。

ただもうビックリして、キョトンとしているあたしに、一層逆上した体の男は、戸口に積んであった新聞紙をつかむと、ハッシ!　と投げつけてきた。新聞紙はパラパラと舞い落ち、男は荒々しい足音を残して立ち去った。一瞬の空白。次に恐怖が。あァ、怖かった…!

「何度いったらわかるんかあ」といわれたって、子どものたてる音がウルサイと注意を受けたのは、それ以前に一度あるだけ。みるからに内気そうな人だから、いわないでジッとガマンにガマンを重ねてきたのかもしれない。そんなこととは露知らず、グズって泣くこともないし、昼間は保育園に通っているから、そんなにうるさい方じゃなかろうと勝手に思い込んできた。これがまちがいだったのだ。母であれば格別うるさく感じない音も、他人が聞けばまた別だ。

とくに子どもの階段の上り下りの音が響いて困るといわれた。音というのは、思いがけない方向に伝わって害をなすものらしい、と知ってはいたけど、階段にくっついて建ってるウチより、その隣の部屋により響いていたとは。

スイマセン、気をつけます。恐縮して謝りながら、しかし内心はいささか複雑だった。

このアパートを借りるまでに、実に十五軒もの不動産屋を駆け巡っている。子どもが居るの？　じゃあその予算じゃちょっと難しいねえ、と次々と断られて、最後にひとつ、やっと〝子供可〟のアパートがみつかった。それがここだったのに。安堵して、少し気がゆるんでたんだなあ。うるさくってスイマセン、子どもが居てスイマセン……。

家に居るときも、必ずカギをかけるようになった。怖かった。一度目は口で注意され、二度目は新聞紙が飛んできて、三度目はこんどナイフでグサリなんて、まさかこれはブラックユーモア。目で怒る母が居て、声を立てずに泣く子どもが居た。夜明けによく子どもはセキ込んだ。小児ゼンソクは心因性だ、といわれるとつらかった。でも、考えたらもっと上等な生活をしているウチの子だって、コンコンやってるからね。センチメンタリズムは、母子家庭の敵だ。「戦場」で泣いてるヤツがいるか！

教えもしないのに、男と顔を合わせた息子はアッケラカンと「オジちゃん、ボクうるさかったから、オジちゃん怒ったんだよね」と話しかけて相手をタジタジとさせ、あたしはあたしで会えば必ずあいさつを送った。

それからしばらくして、ある夜、どうしても片付けねばならない用事があって、風邪をひいて早めに床に入った息子が寝つくのを待ってソッと家を出た。帰ったら、いつもは眠ったら朝まで起きないハズの子が起きていて「ボクがママぁ、ママぁって泣いたら、隣のオジちゃんが白いオクスリをくれたよ」とうれしそうに告げた。そう、よかったね、と答えながら、風邪薬でも飲ましてくれたんだろうか、と首をひねった。

翌日、果物を持って、きのうはスイマセンでした、と礼を述べた。ついでに尋ねてみたらギョッ、あれ睡眠薬なんだって！

四歳の子に睡眠薬とは！　ショックではあったけど、もし火事にでもなってたら、彼が息子を助けてくれたかもしれないのだ、と思い返した。

これ以来、夜は、決して子どもを一人にしない。白いオクスリは、案外ノンキな母親をシュンとさせるクスリだったのかもしれないね。

あきらめない

暗くなって帰れなくなった遊び友だちをその家まで送って行ったり、一人で遠い本屋へ雑誌を買いに行ったりする息子は、ときどきよそのお母さん方から「しっかりしてるわァ」とほめられる。そのたびに「ええ、親がダメな分だけシッカリしてるみたいョ」と答えるあたし。まんざらウソでもないのよ。

彼をメキシコで産んだ後、もとからジン臓が悪いうえに、産後の疲労が重なって、あたしのからだの調子は最悪だった。アパートの四階にあったわが家に登り着くまで、途中何度も休まねばならず、買い物から帰って来てはグッタリ、食事をつくってはグッタリと、一日に何度となくベッドで横にならねば身が持たなかった。

虚弱な母に元気な子、という皮肉な取り合わせで、十一カ月目にはもうトコトコ上手に歩くようになった息子を前にして、一夜あたしは決意した。この体力の範囲内で育児をするとしたら、彼を家からロクロク出さずに育てるしかない。そんなのはイヤだ！ やさしい母親になりたくても、鉛を引きずってるようなからだの不快さが、ともすれば静かにしなさい！ やめなさい！をあたしに連発させる。そんな状態で二十四時間母子で顔を突き合わしていたら、息子はひん曲がる、母は首くくる、ということになりかねない。

善悪の急所だけ押えれば、あとはできる限り彼を自由にしよう。外に出そう。わが子が持って生まれたであろう運の強さを信じて、彼自身で彼を守ってもらおう。それしかない、と思った。

肉親はむろん、友人も金も体力もなく、一人異国で未婚の母として生きる大変さがどんなものか。それが語って語り切れるものではない以上、あたしの「決意」の切実さもまた伝え難い。

…あのとき、あたしはきっと空に子供を育ててもらおう、と思っていたんだろうなァ。あすはお天気に決っているメキシコの、その屈託というものを全く知らぬげな青空の下に彼を置けば大丈夫、お前さんの子はスクスク育っていくよ、とこの耳にささやく声があった。

数回アパートの階段から転げ落ちたあとで、ラモンは一人で上手に上がり下りできるようになった。大きな子に混じって中庭を駆け回る彼を、上から見守ってるうちにメキシコの日々は過ぎていった。

彼が三歳のとき、日本に帰って来た。失敗を通じて学ばせる、というやり方は依然続いた。彼を守るのは彼、彼を育てるのも彼。といっても「気をつけて行くのョ」という一言をいい忘れたために、帰ってくるまで妙に心配でたまらないときもある。

そんな思いまでしても、といわれるかもしれない。しかし、ケンカに負けて帰って来て、一言もいわずに悔しさにただ耐えてる彼をみると、わが子とはいえ、もはや母親の立ち入ることのできぬ心の領域をシッカリ持っているのだ。そして今後ますます彼は彼自身で育っていって、あたしはといえば、〝見守る「せつなさ」こそが親である〟という実感をさらに強めていくのだろう……。

「シッカリしている子ね」というほめことばは、ことあたしたち親子に限っては、スグにでもあんな育て方で大丈夫なの、あれでも親かしら、という非難に変わりそうな、そんなカンジがする。とくに昨今のようにやたらと子どもが殺されるようでは。

覚せい剤中毒者による犯行に目を覆った後は、これまたショックな中学生による通り魔殺人！　こんな物騒な世の中じゃ子どもを一人歩きさせるわけにはいかない、と思うのが〝普通〟だろうから。

でもよく考えると、覚せい剤中毒の男は親と一緒の子を殺し、中学生は一人歩きの子を殺している。親が一緒であろうとなかろうと子どもたちは殺されているのだ！　この点を見逃してはダメだ。つまり過保護であろうと放任であろうと、今、親たちは一様に〝見守る「せつなさ」〟のなかに閉じ込められている。ビクついている。これをとんだ皮肉と笑ってはいられない。

人は生き延びるためには手段を選ばない。弱肉強食をもって成り立つこの社会の重圧は有形無形に人びとに襲いかかり、逃げ場を持たぬ人々の狂気は弱い者への殺意となって、今後も噴出し続けるだろう。

親たちがどんなに真剣になったところで、わが子ひとりを守りきれぬこの病みきった世の中。それを時代の不幸とあきらめることはあたしにはできない。

［初出『婦人民主新聞／蜂の巣』80年9月号、婦人民主クラブ／『信濃毎日新聞』等 81年7月、共同通信社配信］

からだからの女性学

邪悪なるわが心よ

あたし実は今受験勉強中なんです。この春ハリ・キュウの検定試験を受けるんだけど、大丈夫かな、全然勉強がはかどらない。と、いい加減青くなってるところへ友人からのＴＥＬ。彼女、この二、三日風邪でカラダの調子が悪いんだって。

まあ、大丈夫？　あまりムリしないで休んだら、と決まり文句でいたわって電話を切った。切ったあとなんとなく心がハズんだ。コリャまずい、あたしとしたことが。

検定試験というのはいわば卒業試験と同じで、あらかじめ定められた点数以上とれば、全員が合格できる。その点競争相手をけ落とさないとパスしない入学試験などとは性格が違う。お前は一体ナニを喜んでるんだ？

彼女はハリ・キュウ学校のクラスメート、一番の仲良しだ。

でもね、ふだんは親しくともイザ出陣、となるとスーッと間があいてしまう。備えあれば憂いなし、を地で行くお人柄。大変だ、大変だというから本当に大変なのかと心配すると、いつだってあたしより一歩も二歩も先にいる。いい人だけどカワユくない。

こういうのがたまにコケルとホッとするのね。ホッとしつつ外聞をはばかる。だってよく「識者」がいっているじゃない、受験戦争で子どもたちの心がすさんでしまい、友だちが病気になると勉強が遅れるので喜ぶ。人の不幸を喜ぶなんて人間のクズだ、世も末だ、と。ああ邪悪なるわが心よ。あたしの心に悪魔がいる⁉

いや、まてよ、人間の心には悪魔がいるんじゃないの、もともと。「いつまで弾くかって。そう、私の心に、天使と悪魔がいる限り、弾くよ」。ピアノの巨匠ウラジミール・ホロビッツという人はこんな風にいっている。いつまで生きるかって。そう、私の心に、天使と悪魔がいる限り、生きるよ、とあたしはいい換えてみる。

昔、立て続けに日航や全日空の飛行機が墜落したことがあったけど、あのすぐあとウチの母は生まれて初めて飛行機で北海道へ旅行するというので、それはそれはずいぶん心配した。

出発の前夜「もし私が死んだらこの家はどうなる」とかのグチを一時間以上もいい続けた果てに、彼女、フイに晴れやかな顔になってあたしに聞いてきた。「お前、明日北海道へ行かないかい？」
ナ、ナンたる親か、とその時はフンガイしたけれど、こういう正直で、人間臭い親でよかったよ。〝うまくいったら自分の手柄、失敗したら他人のせい、苦しいことは大人数、おいしいことは小人数〟風の毎日を過ごしてるくせに、その口ぬぐって子どもにだけ清く正しく美しくを押しつける大人って多いもんね。

薄っぺらなやさしさ、おもいやり——踏み込まず、通り過ぎていくだけの関係は生気が萎える。

学歴社会の重圧をまともにくらって、しかも友の不利は自分の有利と喜べば、ユガミだ、異常だといわれる今の子どもたちは、二重の意味でかわいそうだ。過酷な競争社会に翻弄される身であれば、ねたんで当然、ユガんで当然。それなのにねたんではいけない、いけないと思いつつねたむから屈折がひどくなる。怖いのはそこですよ。心身症が待っている。

残酷な分だけやさしくもなれる、という人間の不思議さにみんなが目覚めたら、世の中混乱するかもしれないね。でもギマン的で希薄な人間関係に傷ついて心身を病む人があまりにも多い今の世の中は、すでに十分混乱してるけど。

なにごとも過剰は悪なのだ

いよいよ春ですね、春。この春にウチの息子は晴れて小学校の一年生坊主になるんです。ルンルンといいたいとこだけど、実はなんだかユーウツでね。

知ってますか、今どきの小学校って学用品や運動靴ｅｔｃについて、いろいろ細かく指定してくるんですよ、公立なのに。

学校がくれた「入学案内」によれば、エンピツはBを使う。ノートは担任が指定する、運動靴はこれこれでクレヨンは十六色以下のものに限るンだそうで。そしてさらに女の子はスカート、男の子は半ズボン着用で、ソックスは白くて短いのをはく、ソックスなしはみっともないウンヌンと学校は指示してるんです。

子どもは筆圧が弱いからBがいいのかな。ノートや運動靴やクレヨンの指定もしかりで、長年の経験からくる教育的配慮っていうやつなんだろうとは思うけど、ヘンだなあ。なんでみんな一律に同じようにしなくちゃならないの？

筆箱の中にはHやらBやら不ぞろいに入っていて、Hの硬さやHBの濃さも味わった上で、Bが一番書きやすいって、そんな風に手間ヒマかけて子ども自身が知っていく。そこが大事だ。なにごともプロセスあっての結果なんだから。

息子の保育園時代にこんなことがあった。劇の発表会の時、ある六歳児のセリフのいいまわしがかわいくて、見ていた父母たちが思わずクスッと笑ってしまった。その反応に驚いてその子は涙ぐんだんだって。

それ以来である。似たような催しがあるたびに、子どもたちは一生懸命やってるんですから、見ている親たちはゼッタイに笑わないように、というキツーイお達しがくるのです。

冗談じゃない、ドッと噴き出したというならともかく、ほのぼのとしたいいフンイキで思わずもれた笑いである。

先生に聞いてみた。「お母さん方が笑うことがあっても、それはあなたたちがかわいかったり、おもしろかったりするんで笑うのよ。笑われたら一層元気な大きな声でガンバろうね」という具合に子どもたちに事前に根回ししておいたらどうだったでしょう？　と。

そしたら「笑いにもイロイロあるんだ、ということがまだ理解できない。笑われたイコールバカにされた、失敗したと思うものです、子どもたちは」っていうんだよね。

まさか。子どもってもっと利口だよ。六歳になれば、周りのフンイキや笑いにこめられたニュアンスを敏感に感じ取るよ。それに万に一つ、親たちの笑い声で子どもを傷つけたとしても、それもまた子どもにとって必要な体験ではないだろうか。

こういうことがある。あたしはハリ・キュウが本職だから、患者をなんとかして治してあげたいと思うわけだけれど、その手の親切心がありすぎるとかえって治療がうまくいかない。病気が治るも治らないも、根本は患者の内なる自己治癒力にかかっている。つまりあたしの役割はちょっと後から押してあげる程度のことなのに、親切の度が過ぎて、押し過ぎちゃうと患者はバタンと前に倒れる。なにごとも過剰は悪なのだ。

心の問題だってそうじゃないかな。〝子どものため〟の愛情も過ぎると、子ども自身が育っていこうとする芽を摘みとってしまう愚を犯す。でも子どもにはこれがいい、子どもにはわからない、と当の子どもをさしおいてウンヌンするゴーマンさは、とかく善意の人にはみえにくい。

エンピツはみんなBで、女の子はスカート、そしてみんな笑うな、と平気でみんな、みんなと指示してくる心、その怖さもまたみえにくいから困ってしまう。

肌で自然感じたい

五月の、とある夕方、バスに乗った。入り口に足を踏み入れた瞬間、ヒヤッとした。冷房がガンガンにきいている。いやだなあ、と思った。

確かにその日の昼間はとても暑かったけれど、いくら暑いといっても五月だもの、薄く夕やみが漂うころにこの冷え方はひどすぎる。ゾクゾク鳥肌が立ってきて、わあ、風邪ひきそう。で、エイッと勇気を出して運転手さんに声をかけた。「すいません、冷房少し弱くしてくれませんか?」

間髪入れず「ちょうどいいですよ、これで。今日は暑いんだから」と応ずる声に振り向けば、年のころ、七十歳くらいのおばあさんが今一度「皆さん、暑いですよね、今日は」と声を張り上げる。

まわりの数少ない乗客の〝皆さん〟は、われ関せずとそっぽを向いている。妙にシーンとしちゃってね、居心地悪くて思わず「まだ冷房入れるほどの陽気じゃないと思うわ」といったあとでシマッタ！　と思った。

こういういい方はまずい。冷房を入れるほどの陽気か、陽気じゃないかの感じ方は、個人によって違うもの。あたしがいいたかったのは、もっと別のことだ。と、ひそかに自分で自分にじれていたら、本郷は東大赤門の前のイチョウ並木がさわさわと揺れている。これだ！

「おばあさん、ほら、あんなに木が揺れているでしょ。窓を開けて風を入れたら、すごく気持がいいと思うの」。思わず声をはずませていったときにはかのおばあさん、もうどうでもいい、わたしゃ早く着きたいョ、という感じでハァハァと不明瞭にうなずくだけだった。

それから二、三停留所を過ぎたところで、おばあさんは降りた。腰を曲げてえっちらおっちら去っていく、その後ろ姿を見ながら、あらためて驚くのだ。こんなおばあさんまでが、冷房のファンだとはねえ…。
テレビを見てたら関西の方に、へんな家を造っている建築家がいた。そのひとの造った家は、たとえば小さな中庭があって、トイレに行くのにその庭を突っ切っていく。つまり下駄にはき替え、いったん外に出ないとトイレに行けない。雨の日には傘をさしてトイレに行くのだ。いやでも日々雨と出会い、風と出会い、時には星や雲にも出会っていく、という風流な生活、自然に出会うとは、多少の不便を良しとすることなのだ、という主張の強烈な表現である。ひとつドシンと背中をどやされたような感じです。

自然がいい、いいといっておきながら、ちょっと天気が悪いと、そそくさと地下道に逃げ込む。せいぜいスーパーで低農薬野菜を買い、綿百%の着心地を楽しむ程度の、あたしの自然の求め方。それというのも都会というのは、自然がないから都会なのだ、と思い込んでいる。でも都会にだって雨は降り、風は吹く。そして季節はめぐるのだ。五月の夕べの風に髪をなびかせたい。自然をあたしの肌で感じたい。

冬の寒さが梅の香りをはぐくむように、春の風は肝臓を養う、と東洋医学では申します。自然の気を受けているので、人間は健康でいられるのだ、と。春は春らしく風が吹き、夏は夏らしく暑いから、ナスが色づき、稲が実り、ひとはひとらしく生きていけるのだ。冷房がなんでもかんでも悪いとは思わない。でもあたしたちは、自然という大きな力に生かされてあるのだという、当然の理を忘れないですむ暮しがしたい——。

人間キカイじゃないよ

先日、千葉・三里塚に住む友人がハニーバンタムを送ってくれた。すぐゆでた。見るからにおいしそうな黄色いツブツブ。あまあい。母子顔見合わせて思わずニッコリ。ついでに一言。「トウモロコシって太陽の子どもなんだよ。だって太陽のエネルギーを吸って大きくなるんだもん」。小学一年の息子はなにやら感じた風で、あごに力が込められる。そう、その調子その調子、よくかんでくださいよ。

この子ときたら、とにかく食べるのが早い。かまずに流し込む。やせ型で、このままいったら胃下垂になるだろうと思われる体型だ。親に似て気だけは強いから瞬発力はあるようだが、持続力に欠ける。俗に男の子は女親に似るっていうから、なにかと心配で。

世の中、カラダが弱いから持てる感受性というものもあって、時にそれは芸術や文化の花を咲かせます。「健全」なる肉体に宿る「健全」なる精神ばかりじゃこの世は不健全。虚弱な人もいて、それでバランスがとれている。

つまりカラダが弱いも強いも個性のうちで、それぞれが相応の枝ぶりで生きてくところに妙がある。なによりも〝いま、生きてる〟ということが大事だからね。

心底そう思う。そしてその一方で、より健康なことに越したことはない、とも思っている。カラダが弱かろうと強かろうと人間としての価値は同じだけれど、弱けりゃ人生その分つらい。

体力がないから気力で頑張るしかなくて、そうやって頑張った果てに気力も体力のうちなんだなあ、と天井見上げてせつなくつぶやく……。そういうのが親子二代続くなんてやだからね。

だから子育てはカラダ育て。カラダ育ての基本は食——「なにを食べるか」と「どう食べるか」の問題です。

息子みたいに早食いではいいもの食べても力にならない。なんとか落ちついて、ちゃんとかむことを身につけさせたい、と思っているのに、学校給食、あれ今、全国的に二十分で食べなきゃならないことになっている。

少し前に、給食試食会があって、その時に二十分が適当であるとする根拠はなにか、と尋ねたら「二十分で食べられると思ったから二十分なのです」という答えだった。

しかもうちの学校の場合、「早すぎないように、遅すぎないように」という指示が付いてまわる。人間はキカイじゃない。食べる前から早すぎるな、遅すぎるな、こぼすな、話すな、残さずに、二十分で、なんてうるさくいわれたら「だれが食べるか！」というふてくされた気分になって当然なんだけど、まだまだ小学生はけなげです。けなげだから、給食がイヤで学校へ行きたくなくなったり、食べたあと必ず気分が悪くなると訴える子がたくさんいる。五分程で食べてしまう子の場合、早すぎるというんで給食が始まっても彼だけはおあずけ。先生がよし、といったら食べるんだけど、そのころはもう死ぬほど腹がすいてるから、五分どころか三分くらいで食べてしまうのだそうだ。

一年生全員が二十分以内で食べ終わるというのはどうにもこうにも無理なので、実際にはやむなく四十分程に延ばしているらしいが、それにしても「早すぎないように、遅すぎないように」と平気でいってくる、その神経がすごいと思う。ちなみに今年度のわが校の教育目標は〝人間性豊かな児童の育成〟だそうです。

クサいパンツは郷愁なのだ

突然ですが、クサくならないパンツって知ってますか。最近「ニオイの元をストップ」「水虫や微生物の繁殖も抑えます」といった宣伝文句で〝防菌・防臭加工〟された靴下や肌着が出回ってるそうな（『自然食通信』十二号）。「ふだんから清潔な暮しを心がけるために！」なんていわれると、毎朝一回パンツを替える位では不潔なんだと思わされてしまうから不思議です。

この「衛生加工」と称する手品のタネは、第四級アンモニウム塩、芳香族ハロゲン化合物、有機窒素系化合物ＥＧＣ。中には発ガン性の疑いがある食品添加物ＴＢＺ（輸入オレンジやグレープフルーツなどの防カビ剤として使われ、反対運動が続けられているもの）を使用してるものもあるという。

「効果は半永久的」ということは「毒性も半永久的」ということで、この恐ろしい〝衛生加工〟は今ではタオルやシーツ、枕カバー、毛布、パジャマ、カーペット、それに子どもの肌着やフキンにまで応用されている。

もはや、クサいパンツは郷愁なのだ。バカな。クサくなけりゃパンツじゃない！　生きてる限り排泄する、というこれ以上当たり前なことはないという位当たり前な生きもののリアリティ。「存在」とは、替えなきゃ臭くなるパンツをはいているあたしたちのことなのだ。

さて、ここ数年夏になるときまって〝戦争体験〟が伝承されなくなった、という嘆きが聞える。

者はいう。

〝戦争体験〟の風化こそが、反戦・反核の気運がイマイチ盛り上らない原因であるかのように識者はいう。

が、汚れる、というパンツの現実、その絶対的なリアリティさえ軽く葬り去ろうとしているご時世だ。どこもかしこも、店員の笑顔までが妙に非現実的にピカピカしている、清潔第一のハンバーガー文化こそが現実である若者にとって、〝戦争体験〟はその事実のあまりの悲惨、凄絶故に逆に現実感を持ち得ない絵空事になってしまっている。

困ったことだ。と思う一方で、過去の、膨大な悲劇の集大成に依拠しなきゃ、戦争にハンタイできないというのなら、こりゃもうダメだ、とも思う。

どんなに凄絶で、醜悪な体験であろうと、そこにいたのは、あたしではない。そのいずれもが人間存在の本質を開示していて、深く心に突き刺さってはくるけれど、ドストエフスキー読んだってそういうことはあるわけで。というような不謹慎なあたしでも、時に数行の新聞記事に背筋が凍る。核戦争で生き残って、ヒン死の人に助けを求められた場合には「大きな石で頭を殴り(安楽死させ)なさい」という英国の一医師の〝生き残りの心得〟の恐ろしさ……。

〈いつか〉が〈いま〉を喚起する。セミの抜けガラを拾うことも、鶏のフンを見ることもなくなった街を、押し入れに貯め込んでもカビすらはえないパンツをはいて、ノッペリした顔で歩く悲惨。GNP大国の豊かさが、たかだかティッシュペーパーを何箱も買い込んで使う程度の豊かさであり、しかもその放埒によって、アジアの森から立木を乱伐し、顰蹙《ひんしゅく》をかっている日本人であることのやりきれなさ。身捨つるほどの祖国はありや。

いま反戦・反核とは、想像力であり、生態系の破壊を痛みと感じる心ではないのか。「現に私たちは日々核戦争の『戦前』を生き、それと有機的に結びついた産業戦争、交通戦争、資源戦争、受験戦争、アジアへの経済戦争などの『戦中』を体験している」（栗原彬「戦後平和思想はいま……」）。

手を汚さずに殺っちまう法

秋風が吹きはじめると、なにやら夏が惜しまれる。風鈴、スイカ、花火にセミの声……。先日もご町内の盆踊り大会に行って　♪月がァ出たァ、サノヨイヨイ♪と去りゆく夏をたのしんだ。来年はユカタ姿で踊りたいなぁ（来年は踊れるのかなぁ……）。大韓航空の旅客機が撃墜されたそのすぐあとだったからね、夏への哀惜の情も、今年はまた特別のものがあるようです。

夏の風物詩、などとはとてもいえぬ夜中のゴキブリ。ああまでイヤらしいともはやご愛敬。その証拠にゴキブリが話題になると、普段無口なヒトまで身をのりだして「この間四匹も殺しちゃったョ」「憎ったらしいのよね、こっちがスリッパ振りあげようと、ホンのちょっと身動きしただけで、ツツーッと戸棚のうしろに入っちゃうんだから」「ウチの妹が口あけて寝てたら、ゴキブリが入っちゃってサ」「キャーッ」てな具合に、大変座が盛り上がります。この我らが愛しのゴキブリ君が、いまタイヘンなんですョ。

彼らはお尻に二本〝尾毛〟と呼ばれる感覚細胞を持っていて、それこそ髪の毛一本落ちた気配もわかっちゃう。だからああまですばしっこい。

ならばよし、技能、才能というものは要するに使いようだ。あっちに役立つものはこっちにも役立つ。という理屈を地でいくゴキブリ撃退器、その名も恐ろしい「ゴキブリ・ショック」。

仕組みは簡単。特殊超音波を使って〝モノの気配〟を部屋中に充満させる。なまじ高性能な触覚を持ってるがために、あっちへ行ってもモノの気配、こっちへ行ってもモノの気配の生き地獄。ストレス過重で食欲不振、ソノ気も起きないから子も産まれない。こうなりゃもう夜逃げしかない、と哀れゴキブリ流浪の旅へ、の一幕。見ろ！　不正義はかくして滅びる、といいたいところだけど、待てよ、逃げ出したゴキブリは一体どこへ行くんだろうね。

と広告を今一度見直せば――。なんとこの撃退器、三本セットで一万二千円、六本セットだと二万二千円もするシロモノ。ゴキブリならずともショックです。

ひと口に中産階級ったって、ピンからキリまであるもの。みんながみんなゴキブリのために、一万二万を出費できるわけではない。となると、金持ちの家から追い出されたゴキブリ君たちは、一路ビンボー人の家目ざしてゾロゾロ来るってわけ？　つまりあたしのウチへ集まってくるってことですよ、唐草模様のフロシキかついでゾロゾロと。

イヤだねぇ。冗談じゃない。夜になるとガサゴソ始めるゴキブリの不正義は生物としてのやむにやまれぬ不正義なのだ。超音波を充満させて自分の家から一掃、あとは野となれ山となれの身勝手さ、その不正義とはこれは訳が違う。

不潔なゴキブリは隣りの家へ、暴力をふるう子どもは戸塚ヨットスクールへ。目の前から〝異和〟

が一掃されれば一件落着、桜フブキは紙フブキ。
ただ生きていくだけで、ゴキブリは充分〝ゴキブリ的〟だけど、人間はそうはいかない。核が一発落ちれば全員犬死。個人なんてあってないような、みんなダンゴで生きている、そんな時代だからこそ、一対一、個対個の向き合いが、執着が大事なんだと思います。お母さん、お父さん、殴りかかってくる子には、全身でむしゃぶりついていこうよ。そして逃げるゴキブリは、やっぱりスリッパでビシャンと叩いて欲しいのです。「個人こそが唯一の現実である」（C・G・ユング）。

［初出 『京都新聞等／くらしの女性学』83年2～6月、共同通信社配信］

再々度からだから出発

むかしライヒがいっていたが

なにがイヤかって、からだの調子が悪いことぐらいイヤなことってないよ。いま東洋医学なんてやってて、からだに目が付きかかってるからわかるんだけど、あたしって人間は、もうからだの調子が全てです、っていい切ってもさしつかえない位。

人に道を尋ねる、というような些細な行為でも、からだの調子が悪い時は、向こうから来るヒトを見て、あ、このヒトは意地が悪そうだ、とか、このヒトは聞いても知らないんじゃないかなどと、勝手に憶測してはやり過ごす。それが調子がいい時なら、尋ねようかな、と思うと同時に声をかけてる。そういう時に出る声は弾みがあって我ながらカンジが良く、そのせいか相手も気持よく応じてくれる。

息子に対してだってそう。デンジピンクやオジャマママンに変身自在、こんなママ居るかよオ、と彼にうれしい悲鳴をあげさせる時は、ムロン調子のいい時で、悪い時ときたらパン屑を散らかした、というようなケチな理由で、顔中目と化すド迫力。

むかし〈人間の意識構造の核心は性である〉とW・ライヒがいって、フムフム、ナルホドと思ってきたけれど、我が意識構造はどうも性より睡眠時間や食欲、疲労の度合などにより深く規定されてあるようだ。

彼は性の快楽に心おきなく身をまかせることの重要性をしきりに云々してるけど、三度のメシが旨く食べられないで、何が性の快楽か、ってところがあるよ。ライヒって胃腸の丈夫な男だったんじゃないかな。

ライヒだけではない、あらゆる解放理論は、「健康者」によってつくられてきた、ノデハナイカ⁉ もしくは「不健康者」の、怨念と化すばかりの不快感、その暗い情念を溶き混ぜて描かれた作品としてあった、ノデハナイカ⁉ そういったことは、解放理論なるものに常にまとわりつく、不完全性の問題を解くひとつの鍵、ナノデハナイカ。

話をライヒに戻せば、彼の考え方には、純潔や処女性に関する幻想がハッキリ否定されており、そういう意味では彼はあたしたちの頼もしい味方だった。しかし一方で、彼の理屈は〈性解放がもたらす、男との〝いい関係〟〉という、ないものねだりの焦燥をふりまいて行った。

未だ見ぬ己れを求めて

と、ここで話は早くも一転、例の「クレイマー・クレイマー」という映画、先日遅ればせながら見たのです。筋を散々聞かされていたせいか、あんまりおもしろくなかった。

枝葉末節が気にかかるのね。たとえば、妻に突然去られて、男は仕事と家事と育児にてんてこ舞いする。象徴的に、皿を洗う場面が何度か出てくる（ここぞとあたしは鋭い一瞥）。ムムッ、いつ見ても台所はキチンと片づいている。寝室然り、居間然り。フーン、ちょっと原稿でも頼まれりゃ、もう台所は汚れた皿でイッパイ、洗濯も中途でほったらかし、というようなヒトとはこりゃ人間のデキが違うわい。

子どもに食事をさせ、学校に送り迎えし、絵本を読み聞かせ、休日は公園で遊ばせ、ムロン仕事も精一杯励み、時には「情事」にも憩う。八面六臂のムリがたたって、会社を首になるが、しかし子どもを手離そうとか、家に子守りを置こうなどの弱音は一度だって吐かない。今日の今日まで、まったく家事・育児を妻まかせにしてきた男とはとても思えない。ジョン・ウェインがひと昔前のスーパーヒーローを演じたとすれば、ダスティン・ホフマンはまぎれもなく現代のそれを演じている。

つまりこりゃ〝どこにも居ない男〟なのだ。だからこそ彼は疲れを知らない。精神的打撃から不眠や神経性下痢症に陥ることもない。故にその精神は常に「健全」だ。例えば、子どもの引き出しの中に、片づけたハズの妻の写真を見つけると、それを元のようにテーブルの上に置いてやる。彼は自分の感情で、子どもの心を引き裂いたりしない。妻への憎しみを子どもに吹き込む、などという無残な愚かしさとはもとより無縁だ。お前がいるからパパは飲みにも行けない、などと勇者はグチらない。

子どもを奪い合う裁判の席上、彼は仕事一途で家事も育児も手伝わず、妻が仕事に出ることを許さなかった「横暴」な夫として断罪される。このあたりウーマン・リブの主張そのもの、と思う人もいるだろう。

しかしもし男がもっと家庭的で、妻が外で働くことにもイヤな顔をしない男だったら、女は家を飛び出さずにすんだか、といえば、答えははっきりノーなのだ。

大体この男、「浮気」した訳でもなく、金を女房に渡さなかった訳でも、暴力をふるった訳でもない。妻子をマジメに愛していた。仕事の虫だった、というのがいわば最大の欠点。世間にはこの男より悪い男がゴマンといるよ。にも関わらず、他の誰でもない、この男が妻に逃げられたのだ。この設定はおもしろい。

つまり男がどの程度にイイ男なのか、ということはこの際問題外なのだ。なぜならホレた男の気の行くところ、目の行くところに自分を置き続けて、自分が本当に望む身の置き所が一体どこなのか、わからなくなってしまった女の、その存在自体を問題にしているからだ。いい夫であろうとなかろうと、女たちは未だ見ぬ己れを求めて勝手に飛び立っていくのだ、という、これは時代を見ぬいた警告でもある。そう、〝この世で一番大切なことは、どうしたら自分が自分のものになり切れるか〟ということであり、それを知ってしまった者たちは一度妻としての皮や、母としての皮を脱ぎ捨てて、その裸の己れを一人世界に向けて屹立させていく以外に生き返していく道はないのだ——。

快食・快眠・快便のからだがありゃ

自分自身と〝いい関係〟をつくれぬものは、他の誰とも〝いい関係〟をつくれない。そのことに気づかずに母でございい、夫でございい、恋人でございい、とその存在を強調すればする程、〝二人だからさらに孤独〟の寂しさ、無残さに打ちのめされていく（映画の女は絶体絶命の涙にぬれて叫ぶ、「私はダメなのよ！　いい母親になれないの！」。それは、目覚めた女のエゴなんかじゃ決してない。「幸せな家族」幻想に追いつめられた女の、ギリギリの誠実さだ）。

自分自身と〝いい関係〟をつくる、ということはあらゆる関係の基礎であり、それはまずもって自分のからだと〝いい関係〟をつくる、ということなのだ。

ライヒも似たようなことをいってはいる。すなわち〝自分のからだに起こったコーフンと最もよくコミュニケートできる者が、最もよく他者に関わり得る〟と。彼は性のオルガスムスを通じての自己確立を呼びかける。そしてあたしは快食・快眠・快便を通じてのソレをここに提起するのだ。

なぜなら、ライヒのオッちゃんのいうことは決して間違いじゃないんだけど、セックスっていうのは相手あってのものだから、そこに限界があるんだなあ。一般に女たちが変わることを欲する程には、男たちはソレを願っていない。わかったフリしてる裏で、根深くメンツや男らしさにこだわってる男たち。いくらホレていても、哀しいかな、そういう男を相手にしてたんじゃ、コレダア！　と悟れるような肉と魂の喜びなんてまんずムリだ。

それでも私以外にはホレ手がなかろうと、トコトンダメな男にホレ切ってみれば、またそこで視えてくるものもあるだろうけど、傷つかずに旨いもの喰おうとしてる人が多いからね。いつまでも〝未だ見ぬ己れ〟を〝未だ見ぬオルガスムス〟にダブらせてあこがれてるだけで、それ故、〝男によって満たされる女〟幻想から真に解かれることがない。

なぐさめ、励まし、おだてあげ、辛抱強くいつの日か手持ちの男を真にイイ男にするっていう道も、あることはある。セックスのオルガスムス以外に人生のオルガスムスはない、と思ってる女はそうすればいいだろう。あたしはイヤだ。その根気も体力もないもの。それにこうみえても一度トコトンしょうもない男にホレて、ゲップが出る程女の天国・地獄を視てきたからね、もう今はすごくシビア。マザーコンプレックスのフニャチンは相手にしないの。ヘンに同情しないの。〈メンツ〉のオムツに、〈甘え〉のオシャブリを離せない男は勝手にそうしてろヨ。過保護は男のタメならず。所詮、女は男の弱味を見つける度に大きくなってく生きものなのだ。女の野性よ、甦れ！（『じゃリン子チエ』（双葉社）を一巻から八巻まで読んだばかりだから、自然こういうカンジになってしまう。ボクって影響されやすいのね）。

冗談はとにかく、イイ男がいなくとも、コレという仕事に就いていなくとも、快食・快眠・快便のからだがありゃ、いつだって勝負はこれからだ。男は冷えた手足を暖めてくれても、心の冷えまでは暖めてくれぬ。ところがホントに冷え症が治ると、心まで元気づいてくるんだから。これが自分の性格、と思い込んできたことのほとんどが、実はからだの調子に他ならなかった、というところまでわかってくりゃシメたものなんだけど。からだの問題ばかりは実際に自分でやらなくちゃね。やるかやらぬか、この先はあなたの勝手。誰も自立は助けられない。

話を再びスクリーンに返そう。映画の中の風邪ひとつひかない〝どこにもいない女〟は、精神分析医を通じて本来の自分自身をとり戻すや否や、一年半後にはなんとエリートサラリーマンの男よりさらに高給取りになって堂々子どもを引きとりに行く（オトギ話じゃ）。当然男は憤る。捨てたのはそっちだ。それに母親の方がより子どもにとって必要な存在だなんて、なにを根拠にいうのか！

女は判決で勝ったものの、子どもを父親から引き離すことができない。なぜなら男と子どもはすでに〝いい関係〟と呼ぶに値する実質を、二人の間につくり上げていたからだ。

――会社をクビになったクレイマー氏は、裁判に備えて大急ぎで次の職場を探し、そこに息子を連れていく。部屋にかけられた真新しい表札を示して、彼は子どもに尋ねる。「クレイマーって誰のことだい」「ボクとパパのことサ」。

一列横隊で共に生活を切り開いていこうとする彼らを切り離すことはもう誰にもできない。二人はすでに〝親子以上〟のものである。そのことに気づく女の賢明さは、母だから、父だから、という押しつけがましさ抜きに、子どもと関係を育みたいと願う自立した女のそれである。彼女は誰よりも自分自身のために、〝親子以上〟の二人を尊重しないわけにはいかないのだ。

小さな同志

さて大詰めにきて、ここからは、彼らよりはるかに苦戦を強いられてる、生身の女と男と子どもの話をしよう。

異国で未婚の母となり、一人で子どもを育てていく最中、何度か真剣に父親である男に、時々子どもを託すことはできないかと考えた。〝あたしがやるしかない育児〟にはしたくなかったし、息子のために、彼と父親が一緒に暮す権利を実体化しておきたかった。

しかしそれはほぼ不可能だった。男は、もしそんなことしたら以後再び息子には会わせない、と脅かしてきた。週に一度会いに行く分には可愛い息子でも、もし一緒に暮すとなったら足枷以外の何ものでもない、という男の本音がそこに丸見えだった。あの子が大きくなったら……、と男はよく将来の夢を語ったが、今はダメだ、子どものために出世しなければならないから、と付け加えるのが常だった(彼はまるで自身を狩りたてる猟犬だった。その強烈な出世欲の裏に貼りつく貧困への恐怖と憎しみ。「いいか、ミツ。お前は肉が嫌いで食べないが、この国のほとんどの人間は肉が食べたくても食べられない連中なんだゾ!」)。

男の意向を無視して、もし子どもを彼のもとに送り込んだとしたら、大家族制がいまだ健在で、人件費も安い国だから、彼は田舎から母を呼びよせて世話させるか、逆に田舎に子どもを送るか、はたまたシルヴィエンタ(女中)を雇うかしたに違いない。かの国には、親が手をかけて育てなくてもすむ方法がありすぎた。選択の余地はなかった。男に皿を投げつける代りとして、息子を手離すわけにはいかなかった――。

それにクレイマー親子の如く、あたしたちも人生の荒波を一列横隊でのり切ろうとしてきた母・子だった。例えば――。

メキシコ滞在中、仕事で田舎へ民芸品の買い出しに行くと、時には風の吹き込むバスターミナルで一夜を明かさねばならないこともマレではなかった。あたしたちは身を寄せあってそんな寂しい夜に耐え、母がキップを買いに走れば、息子は荷を守った。彼が一歳を過ぎる頃から、二人はいつもそんな風に生きてきた。「あれ、炬燵《こたつ》の電気消し忘れちゃった」と一人がいえばスグに「ボク、行って消してこようか。オウチが火事になっちゃうもん」と応ずる一人。男との別れには耐えられても、この〝小さな同志〟を失うことにはもはや耐えられそうもない。

東京にチラホラ初雪が降った日の夕方、子どもを捜しに外へ出た。お寺の階段の上に大小二つのシルエットが。なんと彼は近くの大学生と偶然知り合いになって、一緒に初雪見物とシャレていた。黒い、大きなオーバーにくるまれて、チョコンと座っているニコニコ顔の彼を見て、父親が居ないことによって得られる幸せ、というものもあるのだなあ、とつくづく思ったものでした。ということは、母親が居ないことによって得られる幸せというものもある訳で……。

［初出『思想の科学』81年3月号］

れらはるせ

〈こどもとおんなのからだ育て〉

病気を味わう

どこかに自分の病気をサッと治してくれる〃名医〃がいるに違いない、っていう専門家への幻想って強いからね。そうじゃないんだ。そんな風に自分のからだを考えていたら、耳鳴りは治ったけど、今度はムクミがとれなくて、ムクミはとれたけど足が冷えてという具合に一生〃名医〃と縁が切れなくなってしまうよ。

近所のケンちゃんが、「今日の午後急に首が曲がらなくなっちゃって」とお母さんに連れられて来た。ケンちゃん一人にしてもらってまず軽くさわってみたら……。ワァ、肩がゴリゴリ。そのコリが背部にズーッと続いているのを診た上で、彼と一対一の話し合い。

「ケンちゃんは本を読むの好きなんだよね」

「ウン」

友だちから〃虫博士〃と呼ばれるケンちゃんはなかなか読書家。同年齢（六歳）の子どもたちがドタンバタンしてるその部屋の片すみで一心に活字を追ってる様子は、ドタンバタン専門の子を持つ親の目には好ましく見えたけど……。

「ケンちゃんはいつもどんな格好で本読んでる？　ちょっとこの本持ってやってみてよ」

足をくずして、背を丸め、首をガクッと下に落として、片手を畳につく——、やっぱりね。

「そういう姿勢で読んでると重いアタマを支えるために、首も肩もムリがかかるんだよ。だからゴリゴリになってる。ホラ、わかる？」

わずかに触れただけで身をよじって痛がる。

「あたしサ、ケンちゃんの首がいくら痛くても、自分の首が痛いわけじゃないから平気だけど、ケンちゃんはイヤだろう。それともこのままズーッと〝クビ曲がらない男〟でいた方がいいかな」

「イヤだよ、ボク」

「そうだよね、〝クビ曲がらない男〟なんてヤだよね。自分で悪くしたんだもん、自分でガンバって治せるよね」

「ウン！」

「ケンちゃんがそういう気持なら、あたし手伝ってあげる。足を出してごらん」といって彼の見えるところに一本細いハリを浅く入れる。

「ホラッ、ゼンゼン痛くないだろ、これならガマンできるよね」とここまで納得してもらってから治療にとりかかる。いや、ここまでが実は大切な治療なのだ。

キミのからだはキミのものなんだから、ズーッと〝首曲がらない男でいるのも良し、ガンバって治すのも良し、どちらを選ぼうとキミの勝手だ〟と迫られて、ナルホド自分がつくった病気なんだから、自分で治そう、という気になった時点でこどもの病気はもう五十％治ってる。いや、大人だってそうだ。

自分で治そう、という気になると病気をよく味わうことができる。誰かに治してもらおう、という依頼心イッパイの時は痛みは単なる痛みでしかないが、自分の病気を自分で引き受けていくと、ナルホドこの動きをすると痛みが軽減するなァ、とか、便秘をするとヒドくなるなァ、とかのことが徐々にわかってくる。つまり自分のからだにとって気持のいいことと悪いことの区別がつくようになるのだ。

快・不快に対して、からだが敏感になっていく。人間気持のいいことは、いわれなくともやるもんで、快へくとからだがなびけば当然治りも早い。からだがからだを治していくのだ。

心とからだはひとつ

それにいくら病気が治ってもターザンみたいになるわけじゃないからね。弱いヒトは相変わらず弱いかもしれない。でも快／不快に対してからだが敏感になっていけば、弱いは弱いなりに自分のからだがコントロールできるようになるだろう。そのことはもしかしたら病気が治ること以上に大切なことなのかもしれない。

ポックリ病なんかで急死するヒトに限って、平素丈夫で「まさかあのヒトが」といわれるタイプが多いとか。丈夫なんじゃなくて、からだがニブってて異常を異常として感じられない。快も不快も感じないから極限まで肉体を酷使して平気。それを称して〝丈夫〟といってるにすぎない場合が多いのだ。

それやあれや想うと、からだが弱いってことや、病気になるってことは、そんなに悪いことではないのかもしれない。弱いから、からだの調子がどれ程気分に影響しているかよくわかる。それどころか今までこれが自分の性格と思い込んでたら、実はからだの調子にすぎなかった、なんてことだって起こりうる。

人間、カンゾーの働きが悪ければ、どうしても怒りっぽくなるし、ジンゾーが悪いと不安が募ったり、脅えたりするしね。東洋医学では、臓器と感情の関わりが明確にとらえられている。心とからだはひとつ——心身一如。だから、からだが解きほぐれれば、心もほぐれる。

心がほぐれれば、ヒトとヒトとの関係も自然ほぐれてくるわけで、こんなハズじゃない自分、こんなハズじゃない人間関係を求めて、心がグルグルまわりしているヒトは、かたーくなってる頸や肩のコリをまずとって、さァ、フゥーッとひとつ大きく深呼吸してみようか。

「少しはラクになった?」

「ウン」

ナルホド、来た時とは表情が違う。そう、その顔、その顔。そういう顔でいれば、職場の人間関係も段々にうまくいくよ。子どもの心配? 大丈夫。笑うカドには福来たるなんだから。〝真実〟というものは、案外単純なものかもしれない、という気がしてくるひととき、きっとあたし自身もやさしく柔らいでいるに違いない。だから名付けた「れらはるせ」。スペイン語で「リラックスする」という動詞なんです、これ。代名動詞の原形だから「あなたが、あたしが、彼が、彼らが、あたしたちがリラックスする」という具合に主語は自在に変化する。

からだの問題をやってると、公害や農薬などの環境破壊や添加物などのいわゆるエコロジーの問題や、親子、夫妻、男女、職場の人間関係や、労働条件の問題などが当然浮かび上ってくるだろう。子どもとおんなが生き返していくということが、男はムロンのこと、地球上の生きとし生ける者全てを救う、そんな豊饒なやさしさとパワーにつながっていけたら……。

輝く、遥かなる草原を夢見つつ、今日、この日のいのちの賛歌（うた）を唄っていこうね。この空間で喰っていかねばならない以上、理想通りにはなかなかいかないでしょうが、まァ、ウソでも気楽に、ホントに気楽にガンバっていこうと思います。

［初出「れらはるせ」83年8月、治療院・れらはるせ］

ナツビラ再見

リブの創世期

何処にいようと、りぶりあん

人間って不思議だね。それまで女性解放の本一冊読んだことがないのに、ある日突然、しかも一気に書き上げたのがこれ、「便所からの解放」です。当時、ウーマンリブなんてことばもまだ知らなかった。

それまで実家である料理店のお手伝いさんをしていて、毎日ボーッと掃いたり拭いたりしていた。心理学者のユングがいうには「『人間が意識化』するとは、四次元の存在を二次元に投影してみせることではなかろうか」

四次元だか何だか知らないけど、あたしの場合大抵いつもボーッとしていて、まったくムダに生きてるんだけど、実はボーッとしてる時に〝無意識の把握〟をしていて、「その時」が来るとソレを意識化して一気に出す、みたいなところが確かにあるみたい。

なにごとにも「その時」があるヒトで、節目節目でそういう「天の声」を聞いて生きているから、割と迷いが少ないし、天地宇宙と鼓動し合って生きてるかんじの満足度が高い。それがあたしの一番の強みです。

とまれ、集会で「便所からの解放」を配った時、ビンビンとすごい手ごたえで、なんやわからんけど「時代をつかんだ!」って思ったね。

いまは懐かしいリブ創世期のお話です。

便所からの解放

はじめに

　階級社会のもとでは女は誰でも生まれつきひとつの私有財産をもっている。バージンという私有財産を。これをうまく運用して高く売りつけることで、女の人生は決まる。

　しかも、バージンには先天的、後天的、ランクがある。すなわち、家柄、財産、容姿、教育の程度でバージンの商品価値は大幅に異なる。さらに奇怪なことに実際にバージンであるかどうかなんて実はあまり意味がないことなのだ。

　重要なのは〈バージンらしさ〉なのである。例えバージンでなくったって白いウエディングドレスを花嫁らしく＝バージンらしく楚々と着こなす厚かましささえあれば全ては丸くおさまるのだし、吉永小百合が小百合であるのはなによりもその〈バージンらしさ〉に依るのだ。双葉から叩き込まれる「女らしくなさい」の一言は、実は「バージンらしくなさい」と同意語である。つまりバージンらしくするかしないかは、結局社会と男に叛旗をひるがえすかどうかの分かれ道だ。

女性解放運動とは、バージンらしさを返上し、やさしさとやさしさの肉体的表現としてのSEXを合わせもつ総体の女としての自らを〈バージンらしさ〉の基準で女の優劣を決めようとする男と社会に叩きつけ、迫る女の闘いとして展開されるのだ。

ジャジャジャーンとカッコよくいい放つことはやさしいけれど、〈結婚こそ女のしあわせ〉を基調テーマにこれでもか、これでもかと〈女らしさ〉の特訓を受けてきた身においては、マルクス、エンゲルス、ボーボワールで大脳のシワを一本位ふやしたところで、我々の意識構造の核心に植えつけられた、〈お嫁に行けなくなる〉という意識から全面的に自己解放を勝ちとることは不可能なのだ。

〈お嫁に行けなくなる〉という意識とは、すなわち性否定の意識構造のことだ。性は汚い、罪悪な、口にすべきでないという教育こそ、女らしさ＝バージンらしさを作り出す総元締めなのである。〈お嫁に行けなくなる〉という古ぼけたすり切れたシッポを引きづりつつ、〈バージンらしさ〉に叛旗をひるがえすと言う、矛盾に満ちた存在が〈ここにいる女〉であり、〈ここにいる女〉の性と生殖を問いつめていく中でしか女を人間に普遍化できない以上、自分自身のみっともなさ、ドジカルさを直視しつつ、こんな私にした敵に迫っていく闘いは、まさしくとりみだしつつ、とりみだしつつ迫る以外のものではないだろう。

知的な女の知的な領域でなでさすられ、若干のナルシズムをふりかけられてキレイに仕上げられてきた既成の女性解放論理、はたまたもっと硬派の部分に依る男の意識、論理構造に拝跪することで女を越え、カクメイ的、男並みにガンバロウとする解放論理に共通する白々しさは、知的であると共に肉的である〈ここにいる女〉の骨肉を通じて否定的に総括されなければならない。そのために若干の視点を提起する。

女性解放運動ってコトバはなぜカッコ悪いか

政治に口だしする女、理屈を言う女、社会とのかかわりを求める女、女性解放とか男女差別を云々する女は、冴えない干からびたオールドミスの欲求不満、売れ残りのブスというダメージが今も濃厚にある。二つの意味においてそれは事実だ。

まずひとつには政治が人々の生活においてよそよそしいものに作りあげられているその反映として女と政治の関係があり、特に男より女に対して政治がよそよそしいのは家父長制の支配体制のもとで、社会と男に完全無害な範囲でこびたり、すねたりするつつましやかな、かわいがられる女が必要なのであり、それ以外は冴えない、生意気な女として、いわゆる〈一生の不作〉タイプとしてダメージをでっちあげる必要があったのだ。

〈女のしあわせは結婚だ〉と骨のズイまでしみ込ませられてきた女、そのような女に女を作る必要性は今の社会が財産の保全と相続という私有制経済の至上命令をまず女の血の純血という形で確保しなければならなかったからで（男は子に対しては信じる故に我あり、といった存在なのだ）、そのためには、結婚に、男に、社会に満足しない、叛旗をひるがえす女は社会的に打ちのめして見せしめにする必要があったのだ。その方法として、まず男にそういう女を選ばさないことが肝心であり、そのような男、そして、その男の意識（それは支配階級の意思そのものである）

に媚び屈伏する女を作り出す場として家や、学校が用意された。性による差別構造——いわゆる男らしさ、女らしさ作りのために。特に女を神秘化し、神秘化することで魅力がでるという女らしさの論理が、男と女の性を抑圧して支配階級がその階級意思を貫徹していくことを隠すベールとしての役割を果したのだ。かくしてベールをはぎとる女、女らしさを拒否するところから女として生きようとする女は冷笑の対象としてあざけられ、忌みきらわれるよう仕向けられた。

さて、女活動家に対するもう一つのダメージは、今まで女の闘いそのものがギスギスした魅力のない全ブス連的運動体によって担われてきたことから発生する。

明治以来の女性解放の女闘士たちのヒステリカルなカッコワルサは、女が女として解放されるためには、どうしても一度男にならねばならなかった、その必然的過程としてあった。その頃の女に加えられたさまざまな抑圧（凶作になれば女郎に売られかねない時代）を考える時、まず離婚の自由、普通選挙権の獲得、姦通罪の撤廃、職業の選択の自由など基本的人権と言われる権利獲得と、女の経済的自立に闘いの主張がおかれ、牛馬から人間並み＝男並みの権利獲得の緊張の中で、彼女らの女としての性は薄められ切り捨てられることによって運動が担われてきたのだった。経済的、法的男女平等が、女の主体性確立のための、女の解放の本質に迫るための前提条件であること（前提条件にすぎないこと）を考える時、これは一度は通らなければならなかった道であり、踏んでこなければならなかった足固めであると理解できるし、彼女らの肩を怒らせた後姿に私は同志愛的ないとおしさと女の哀しみを見出さざるを得ないのだ。

そして、今、彼女らの切拓いてきた地平に立って、彼女たちとの確かな出会いの中で女の闘いの新たな一歩が築かれようとしている。さて、我々のその闘いは——女の性と生殖を問いつめていく中で、人間解放を志向する我々の闘いは、果してどのようなカッコ悪さとして展開されるのだろうか。それを考えていく前に、人間を隷属させる基本的な手段としての性——性を通じての人間管理、一夫一婦制度と、その制度を支える男と女の関わり等をみておきたい。

隷属意識は作られる

財産の保全と相続を目的とする経済体制は、女の性欲求を男と家にしばりつけることで純血を保持しようとした。女にとってだけの一夫一婦制度がそれである。人間の自然な心と、体の営みに反する一夫一婦制度としての無理は、女と子供を男に依存させる経済構造の根底に、性を汚い、卑しい、恥かしいものに陥し込める意識構造を人々の心の核心にすることでいままで乗り切られてきたのだ。一夫一婦制度が本質的には女の経済的自立と女の性欲求を封じ込めるために作られた以上、性を卑しめる意識構造は、女の性に対してより抑圧の度を高める。

さて、性を否定する意識構造がなぜ心の構造の核心をなすのか？　いうまでもなく、人間の意識は、生活に規定される。その生活とは、経済に規定された中での、他の人間との関わりとして営まれる。他の人間とは基本的には、男にとっては女、女にとっては男である。さて、どのような世の中であっても一人で生まれ、一人で死んでいく個体としてしか生きられない人間は個体であるからこそ他の個体に対するコミュニケーションを必要とする。根源的にはコミュニケートできないと知りつつ、やはり対の幻想を追わずにはいられない。個体としてしか生きられない生物の哀しみを分かち合う行為として我々はＳＥＸを、肌のふれ合いを求める。この男と女の関わり合い、生物としての人間の、他の生物に対する最も自然な基本的な関わり合いを否定し、卑しめることによって、その生の不完全燃焼状態は人をして生きることを恐れ、権威に依存した意識構造を自らの中に作りあげさせる。

階級状況が支配を貫徹していくためのイデオロギーの基石をなす権威主義（権威に盲目的に依存し、長い物には巻かれろ式の自立、主体性を放棄した考え）は家父長制の結婚によって、すなわち家における男と女の関わりの中で日々再生産されていく。具体的に言うならば、今盛んに論議されている公害問題において識者が最もらしく「しかし、公害を今日まで許し続けた住民の無関心、無気力さも問題だ」などと言っているが、しかし、そもそもお上や、大企業のやるまま、なすがままに従う従順な羊に日常的に我々は作られているのだ。例えば四畳半のアパートで営まれる人間関係――端的には男と女の性状況を考えてみればそれはすぐわかる。もともとつちかわれている性否定の意識構造は、薄い壁や、近くに光る目に脅やかされてさらに強いものとなる。四畳半で営まれるニワトリのしぐさのようにせわしないＳＥＸのみじめさは、人々に人間として当然の要求や権利さえもあきらめさせ、無気力な常に他人の目を意識する、主体性のない未成熟な、インポ人間を作り出す、今の政治が悪いとわかっていても、自分が何かしたところでどうせどうしようもないのだ、と最初からあきらめている、そんな自民党好みの人間が、あの四畳半の貧しい男と女の関わり合いの中で作られていく。

便所のワタシと汚物のキミよ……我らが惨めな性

さて、この作られた自らの内なる性否定の意識構造によって、男と女はどのように体制に組み込まれているのか？　性否定の意識構造が女に対してより抑圧の度を深めるとは具体的にはどういうことなのか？

〈人間を隷属させる基本的手段としての性〉の構造は、男の意識を媒介に、女の性を抑圧することによって、男の性を管理していくという構造としてある。それは、女の性が生殖を伴うことと共に、女の性の方がより強く、本質的にアナーキーな傾向を秘めている故にそのような構造が作り出されたのではないかと考えられる。

さて、媒介とされる男の意識とは、やさしさと、やさしさの肉体的表現としてのSEXを合わせもつ総体としての女を、女ととらえない意識である。

男にとっては女は母性のやさしさ＝母か、性欲処理機＝便所か、という二つのイメージに分かれる存在としてある。全体である対象〈女〉の二つの側面——母性（やさしさ）、異性（SEX）とに抽象化してそれぞれに相反する感情をわりあてる男の分離した意識は、単婚が娼婦制、奴隷性と併行してあったという人類史を背景に、一夫一婦制度が性を卑しめ、性と精神を分離させる意識構造によって支えられていること。更に、その意識下に於ける私有的な母子関係が、一方に於て母性のやさしさに対する執着を生み、もう一方でそういう母親が父親とオンナとオトコの関係をもつことで自分が生まれた事実に対する嫌悪を生みだすという、女に対する背反する二重の意識を植えつけるのだ。

男の母か、便所かという意識は、現実には結婚の対象か、遊びの対象かという風に表われる。結婚の対象として見られ、選択されるべくSEXに対し、見ざる、聞かざる、言わざるの清純なカワイコちゃんとして、女は、やさしさと自然な性欲を一体として持つ自らを裏切り抑圧していく。やさしさの性と、官能の性を一体として持つ〈女〉は、支配階級の要請で作りあげられた男の分離した意識の前に解体され、部分として生きることを強要される。しかし、女を部分としてしか生かさない男は又、そうすることによって、自らも部分としてしか生きることができず自らの性を抑圧しているのだ。〈他民族を抑圧する民族に自由はない〉というレーニンの永遠の真理がここでもキラめく（ちょっとオーバーかな）。

サマセット・モームの短篇に〝雨〟というのがある。売春婦をマトモな清い？　生活に立ち返らせようと奮闘する牧師が、あと一歩で神の御心通りに行くといったところまできてナゾの自殺を遂げる。そして女はというと、モトのモクアミ、ドンチャカ騒ぎの中で汚ならしいものを吐き捨てるように言う――「男はみんなブタだよ！」――売春婦がブタなら牧師もブタだったというこのフィクションは、女を〈便所〉だと位置づけることによって、自らも〈汚物〉になり果てる男を過不足なく描いている。

15歳のオトコの子が、15歳のオンナの子と心身ともに充足したひとときを持ちたいと願うのは、まったく自然なことにもかかわらず、現在その実践を後ろ指をさされずに行うのは不可能だ。週刊誌的な性の解放が、巷に薄汚なくふりまかれているせいか、現在があたかもフリーセックス時代のような錯覚を人々に与えているが、フリーセックスという言葉こそ、本来的にフリーであるSEXが、いかにフリーでないかを逆表現している言葉にすぎない。言葉の正な意味でのフリーセックスなど一体どこにあるのか。

フリーセックスとは、女を便所としてとらえる男の意識の、あとは野となれ山となれの薄汚ない表現形態でしかないのだ！　婚前交渉、婚外交渉として、あくまで結婚を前提に許されるようなセックスの、どこがフリーなのだ！

純血の保持＝バージン至上主義が男の母か、便所かという意識を媒介に女を抑圧し、現在的にバージンらしくしないと、つまり結婚の対象としてあらねばさまざまな不利益を覚悟しなければならないが故に、真摯に生きるより物質的な豊かさに社会的地位に女のしあわせの可能性を抱く多くの女は、バージンらしさを堅持するための偽りの衣をまとう。15歳のオトコの子の性は〈結婚こそ女のしあわせ〉という支配階級のはやらない手あかにまみれたスローガンにかくれて、マスターベーションとして営まれる。

女の居直りとその闘い

男と女が相関々係にある以上、女の性の惨めさは、男の性の惨めさであり、それは現代社会の惨めさの象徴なのだ。この惨めさを女の性の惨めさも問いつめていくことであきらかにしていくことが、女の解放につながる道ならば、それはまずキミ自身の居直りから始まるのだ。なぜならば、男の母か、便所かという意識は、性を汚れたものだとする性否定の意識構造から生じる両極の意識としてあるのだから、遊びの対象に見られようと、結婚の対象に見られようとその根はひとつなのだ。

母か、便所かは、ひとつ穴のむじなであり、どちらに見られようと本質的には同じことなのだと知る時、女は男に、権力に居直る。その時、いままで男を媒介に作りあげられてきた権力好みのかわいい女は、自らの性を足がかりに主体性確立への視点をつかむ。その時、女は女を便所化することで成り立っている支配権力と対峙する。

女は自分自身の〈アンポ体制〉と出会う。

いうまでもなくその居直りとは壁をみつめてジーッと考えてみる、といったものではない。性を否定する意識構造からの自己解放とはあくまで実践過程を通じて獲得されるものであり、その上に立って居直りも、実際の男との関わりと権力闘争との緊張関係の中で、主体形成の道を切り開くものとなるのだ。

女の解放がプロレタリアの解放として獲得されるものである以上、我々は世界革命に向けて権力闘争を深化させていかなければならない。権力闘争が、その世界性・普遍性故に〈全体〉としてあるならば、男との関わりは〈部分〉として存在する。全体に包括される部分だが、しかし部分としてきり捨て、全体＝権力との闘いの中だけで主体形成を図っていくのではなく、全体と部分との緊張関係の中で女は自らの主体を形づくっていかなければならない。男、子、家との個人的な関わりを、そこに内包される矛盾を権力闘争との緊張関係の中で問いつめていくことなしには〈女であること〉を人間へ普遍化していく手がかりはでてこない。

かつての女権論者たちの、そして現在にも一部の活動家にみられる硬直化した不自然さは、部分を切り捨て、またはその問いつめを回避して男＝人間、男＝闘いの中で自らをオトコ化することで闘いを担ってきた無理が、中性化といったかたちで表われたのだ。言葉をかえて言うなら、それは過去・現在そして未来的な女の存在様式をマルクス用語だけでとらえ、そこから女の闘いを出発させた誤りとしてもとらえられる。階級対立の視点は根本でありながらも、しかしその視点だけでスッキリ〈女〉をとらえると大事なものがぬけ落ちる。例えば〝家事〟。家事をやることで女は社会的生産活動から遠ざけられ、家付き女中の地位に陥し込められ、こまめに安い買物をして、低賃金をカバーして資本家の利潤に間接的に奉仕し、また、生存競争にすりきれた男を身の回りの世話やくつろげる家庭のムードの中でいやし、再び労働力商品として市場に送り出す奴隷商人的役割をも果している。

しかし、頭の中で家事のくだらなさと、その犯罪的な役割に対してバッチリ理論として持っている女が好きな男がいて、子供を持ったりすると何故あぁふがいなく自らが批判していたその日常性に埋没してしまうのか。そこには、単に惰性に負けたとか、経済的に自立できなかったという理由だけでは片づかない何かがある。日常的に抑圧されてきた者が、自らを主体的に抑圧した時にうまれるマゾヒズム的傾向――男と社会に抑圧され続けてきた歴史性を持つ女が、意識的に自らをより奴隷化した時に生じる陰湿な喜びがそこには感じられる。〈女のうらみ、つらみ〉という言葉には、理性的には否定できることが、嗜虐的な生きがいになってしまう、どうしようもない自分に対するいらだち、やり場のない哀しみ、言葉にならない怨念が息づいている。「ねえ、なんとなくわかるでしょう」という女同士の会話の底に流れているものは、手ですくおうとすると、こぼれ落ちてしまいそうなそんな社会、男、自分自身に対する女のうらみなのだ。

さて全体と部分との緊張関係とは、そのように既製の左翼概念だけでとらえることができない、現在的な〈女であること〉の矛盾を回避しないで、すなわち自らの性と生殖を問いつめていく中で、男との関わり、権力との闘いを展開していくことに他ならない。私たちの闘いは、マルクス用語で作りあげられたスッキリした革命的な〈どこにもいない女〉から出発するのではなく、理性と矛盾してしまうものを一杯かかえた〈ここにいる自分〉の、矛盾を、女のうらみつらみとして男と権力に叩きつけていく中で自らの解放論理、女が女として解放されるための論理を構築していくものとしてある。女が生きるとは何か、果して自分は女なのか、の問い返しの中で我々の解放論理は深まっていく――。女を抱く男、男に抱かれる女という構図から、女を抱く男、男を抱く女、つまり抱く抱かれるから抱く↔抱くの関係へ男と女のかかわりを止揚していく道は理性と情念の相克の中でとりみだしつつ、とりみだしつつ切り拓かれていくのだ！

産まない男と産む女

男と女の絶対的な違いは〈産むか〉〈産まないか〉にある。この違いをつきつめていくと女は出産という生理機能を通じて自分を縦の関係に、つまり自分を歴史的にとらえることが本質的に可能な存在としてあり、女と子供にとって男とは所詮消えていく存在でしかない事実に突き当る（自分の子との血のつながりを確認できるのは母親だけだ）。男は自分を歴史的にとらえるのに論理を必要とするが、女は存在そのものが歴史的なのである。男が論理的で、女が直感的であるのは、男が社会的生産活動に従事している関係から自分を客観視する外的対象を持っている、という歴史的社会的要因は大きいが、本来的にはその違いは、男と女の生理構造の違いに規定されて生じるのである。

男がより権威主義チックなのはなによりもその存在の頼りなさから来ているのだ。レーニンだって言っている。「(『偉大な創意』より) 疑いもなく婦人労働者と農村婦人の中には、我々の知っている以上に何倍もの多くの組織的才能の持主が存在しており、彼女たちは法外にうぬぼれの強い「インテリゲンチャ」や、なまかじりの「共産主義者」のつねにかかりやすい計画や体系などについてあの仰山な空文句や空さわぎや口論やおしゃべりを抜きにして多数の労働者とさらに多数の消費者とを参加させて実践的な事業を推進させる力を持っている。しかし我々はこの新しいものの萌芽をしかるべくいたわり育てない」と。女中心に営まれた原始共産制の昔も、アポロ時代の今も、この安定度に変わりはない。昨日、今日の軽薄な女上位などとは無関係に、女はいうならば本来的に女上位で生きてきたのだ。〈三界に家なし〉と言われた時代においてさえ、案外そのドン詰りで居直って女はチョコチョコと小賢しい? オトコ共をふところに抱きかかえて生きつづけてきたのではないか、女が意識的に自分を抑圧した時に女の中に生じる嗜虐的な喜びも、ゆとりのないところには生じないはずだから、自分の存在に対する確かな手ごたえが居直りと共にマゾ性を生じさせるのだろうか?

俗に女が変われば世の中変わると言われるが、体制と反体制の接点もしくはそれを超える?存在としてある女をどちらの側に組み込み得たかで世の中は決まるということだ。その安定性を強さとして組み込めればラジカルな力となり、保守性として作用すれば支配体制の基盤になると考えられるが、強さも保守性もホンのわずかなきっかけ、状況に相互に反転するようなそんな近い距離にとなり合っているようだ。

さて存在そのものが歴史的である女は、闘いを通じて自分を横の関係、つまり社会的に位置づけることができる。例えば忍草、三里塚の、女でもっている闘い。始めはオラの土地を守れ、という農民のエゴから発した闘いは、権力との激しい執拗な衝突の中で、しだいにアンポ体制の本質に迫る認識を持つ闘いへと成長していったのだ。縦（歴史性）横（社会性）の格子構造の中で自分をガッチリとらえることのできた強さ、それが忍草、三里塚のオカアチャンたちの強さだ。性と生殖を通じて男を体制に組み込んでいく機能も果せば同じ生理構造が反体制の闘いを最もラジィカル（根本的）に支える力にもなり得る女、われら女。

〈バージンらしさ〉が侵略と反革命を支える

戦後の平和と民主主義幻想は女にとって、靴下と並び称されるかたちで作られていった。法と権利に守られて開花したはずの女の解放が、期待した程には女のしあわせをもたらさなかった——その事実が今、女自身による女の反動化として現出している。

抱かれる女、待ち受ける女は、ちあきなおみの〃四つのお願い〃や辺見マリの〃経験〃に、曾野綾子の〃誰のために愛するか〃にも先取りされて現われる。階級社会の人的基盤が一夫一婦制度として女の性欲求を封じ込めることによって、すなわち、女の性を否定し、タブー化させることで成立していること。そして具体的には〈バージンらしさ〉を装わない女を便所として〈バージンらしい〉女より下に位置づけることによって、社会的な制裁を加え、女の性欲求封じ込めは貫徹されてきた。その、女に対する抑圧の構造はそのままに靖国の母、軍国の妻は、靴下と強さを競うまでに解放されたと言うわけだ。

解放されたと自らも信じこんだ女だったが、しかし、相もかわらずバージンらしさを強要する男と社会に、今、再び女は屈伏しつつある。中絶禁止法の上程、産めよふやせよ再現のための児童手当の給付、純潔教育の強化、等々の現象は、女自身による女の反動化と共に進行する。

それはまた、利潤追求のためのイデオロギーとしてある生産性の論理が個の次元で徹底化するにつれ、支配階級の願う結果に叛逆する状況をひきおこしていることと深い関わりをもって進行する。例えば子殺し、捨て子、堕胎の公然化として。必要のない子、足手まといになる子、自分の人生に影を落とす子、すなわち自分にとって生産性のない子を処分する正当性は、生産性の論理から導き出されてくる。〝モラルの退廃〟と言われるものの中味は資本主義体制の支配の論理そのものから作り出されるのだ。支配の存続の危機につながるこのような現象に対し、ブルジョアジーは高度福祉国家幻想のもとに性を、女の性を再編することで乗り切ろうと、今、謀っている。

すなわち、性器的性＝単なる性器の結合行為、便所と汚物の性行為の自由化を社会制度的に保障することによって、世界的な広がりをもって起こっている性に対する意識潮流の変革（性否定から性肯定へ）をワイ曲化して吸収し、合わせて激化する階級矛盾の緩しょう材、隠ぺイ役として性を再構築しようとしているのだ（未婚の母のための諸設備、性のテクニック、遊戯化）。女にとって支配権力のその性戦略は〈性の便所化〉の徹底として現出する。女の反動化＝バージンらしさへの回帰は、便所への徹底と、表裏のものとして展開されるのだ。〈軍国の妻の貞操と従軍慰安婦の精液に汚れた性器〉とは、性否定の意識構造の両極に位置しているのだから！　貞女と従軍慰安婦は対になって支配力の侵略、反革命を支える。

性器が語る〝真実〟こそ真実だ

人間解放を志向する運動の中においても、男と女の性を包括する闘いの論理を持ち得ていないことによって、闘いの中にも貫徹されている男性中心主義によって、そして、それに媚びる自らの奴隷根性によって、女は戦線から脱落していく。女に対してだけは理論も行動も私有制を固執する消耗を母なる女のふところでいやすことにのめり込む乳離れのしていない男は、それを受けとめる没主体的な女と共になだれ現象を起こして体制に組み込まれていく。

闘いの内部にある性否定の意識構造は、「ＳＥＸ」の一言にすぐさま拒否反応を起こしたり冷笑したりする一部のカクメイ的を自負する活動家に、イデオロギーや政策、法律が町中を歩いて歴史がつくられたのでは決してなく、それを日常的に実体的に担ってきた生身の人々がいたことを忘れさせる。マルクスによる資本家として労働者の隷属関係に対する諸理論が、性を媒介にした隷属関係と深く相互に関わりあってあるものだということを見落とさせる。そして〝プロレタリアの解放〟が白々しく風化していく。

さて、集会や会議などで女が壁の花として、又メモ魔として、男の論議に参加している光景をよく見かける。何も考えていないから発言できないのか、考えていても発言しないのか、どちらにしても問題は深いが、後者の場合女の消極的な、男に依存するその姿勢だけを責めるわけにはいかない。

人間と女を区別する男が、連帯とかプロレタリア国際主義とか、意志一致とか、なんのこだわりもなく話す、その論理構造のまえに女は自らのコトバを失って貝になる。特に1＋1＝2として スッキリ展開される男の論理は、1＋1＝2か3か4かわからないがその全てを包括して進もうとする女の論理に敵対し、否定するものとしてある。

ジックリとした道のりを経なければハッキリした成果がでない女の論理に対し、合理的な男の論理は即自的なその有効性、頭の中で、まず結果を計画できるその簡便さ故に、デカイつらを持ち得た。大状況の分析に始まって、小状況へ、そして戦略に至る論理展開を一面的に否定することはナンセンスだが、そのような論理展開のみが有効性をもつものとして幅をきかす会議の中における権威主義的傾向が、女に沈黙を強いる。

女の男性崇拝主義とは、男の論理絶対主義でもある。男の論理に自らを組み込み、組み込んでも組み込んでもやはり字余りになってしまう自らを低次元？　のことで悩み右往左往する〈ここにいる女〉に対する優越感にすりかえて、男＝闘いの通行キップを手に入れるカクメイ的な〈どこにもいない女たち〉。こんなバカげた、女同士の差別構造を、なぜ今まで許し続けてきたのだろうか！〈ここにいる女〉の非論理こそ、いいのだと、ビューティフルなのだと、女は、主張すべきだ、今こそ！

言うまでもなく、それは、女の論理が男の論理より優れているとか、いないとかいう問題ではない。それは、家父長制の社会が、男性排外主義として、その論理構造だけを良しとして成り立つということに対する、アンチとしての女の論理の復権としての叫びなのだ。黒人が、「ブラッククイズビューティフル」と叫んだ必然を、「女の非論理こそビューティフル」の叫びは持っている。我々の闘いが、女の重い歴史性を背景に、スッキリと言葉にできない、男や社会に対するうらつらみに依拠して進められるものであるなら、我々の闘いをまたその有効性、生産性の論理でとらえ、関わろうとする男に対するアンチとして、「非論理こそビューティフル」は男に迫る。

女の闘いは、情念の集団として、とり乱しつつ、とり乱しつつ、男と権力に迫り、叩きつけていく中で、〈ここにいる女〉の自らの解放がプロレタリアートの解放へ向けて開かれる。性器を感じさせない人間、性器を切り捨てたところで成り立つ論理の未熟さ、汚なさ、空虚さを、女の性と生殖はすばらしい↓非論理、ビューティフルを武器に、白日の下にその貧弱な正体をさらけださせようではないか！　体制の中からも、体制の中の反体制の中からも！

我々にとっての真実は、さらけ出したり、とり乱したりすることを回避してはいない。そのようなカッコ悪さこそ本当はカッコイイことなのだと、闘いを通じて叫ぼうではないか！〈どこにもいない女〉、〈どこにもいない男〉たちに、非性的に生きることを強要されていく多くの哀れな男と女たちに！　に！

我々は、女の解放を、性の解放として提起する。性否定の意識構造からの自己解放として提起する。自からの、内なるインポ（＝性否定の意識構造に規定された精神的な様々な障害）解体へ向けて、男と権力に対する闘いへの決起を呼びかける。

女から女へ、〈便所〉から〈便所〉へ！

団結が女を強くする！

やるズラ、ン？

［初出「便所からの解放」70年6月、ぐるうぷ闘う女］

おわりに

東洋医学が習いたくって、四年前にメキシコから帰って来た、向こう生まれの息子と一緒に。帰ってスグに念願のハリ・キュウ学校に入学。以後三年もの間、通学しつつ子を育てつつ金稼ぎつつの日々だった。

慢性ジン炎を病む身でこういうムチャすれば、帰ったらまずゴロリ、夜九時を過ぎたらゴロリ、日曜日はもっぱらゴロリという、寝るがクスリの暮しになってしまうのよ、どうしたって。

しかもハリ・キュウは手先きの仕事だからね、頭でわかってるだけではどうにもならない。一に練習、二に練習するしか上達の道はないというのに、ウルサイんだよね。田中サンは集会に来たけどデモに出なかったとか、もっぱら子育てにかまけていて、運動に出てこないとかイロイロと。

アホか！　集会やデモに出るばっかりが運動か。一回リブになったらば、どこに居たってリブなのに、それを信じられずにあれこれいうヒトの不思議さ。皆サン、ヒマなんですねえ、と苦笑して早々に窓から首をひっ込めるには、リブへの想いが深すぎる。

運動というのは、いつもどうしてこう人びとの生きる幅より狭いんだろうか？

〝女、かく生きるベシ〟という体制の倫理蹴とばしてリブの運動に加われば、こんどは〝リブの女、かく生きるベシ〟の倫理がついて回る。これじゃいつまでたっても体制のアンチとしてしか生きられないじゃないか。いや、下手するとアンチにもなりゃしないよ。

〝グループが世界〟の、ホントに狭い世界でうごめいているうちに、せっかく持ってたひと握りの孤独も霧散して、「みんな一緒」の安逸な日々。見慣れた顔ぶれ、決まりきった集会——退屈の毒に首までつかってそれに気づかぬ恐ろしさ。

誰かがいってたっけ。靴や服を選ぶ時は、ヒトは買いたくないものは絶対買わない。ところが運動や集会は、行きたいか行きたくないか自分に問うことなく、参加する、できるって。〝行かねばならない〟という一種の使命感ってそれなりにヒトを酔わせるからね。自分だけが酔ってるんならいいけれど、とかく他人《ひと》もまたそうすべきだと心密かに思っているから困ってしまう。だから、エッ！　集会に来ない？　非国民！　ってかんじになるんだよ。

あたしはホレた男と、息子と、両親と、そしてリブの女たち、この四つが世界中で一番大切なんです。だからあえて苦言を呈したい。

子どもにかまけてナゼ悪い！（一歳も二歳も三歳も、その子にとっては一回限りの一歳であり二歳であり三歳なのだ。その必要があると思えば、子べッタリ結構じゃないか。添寝をしたってリブなのだ）。

男にかまけてナゼ悪い！（時に身も世もあらぬ程、男を（女を）好きになることなくしてなにがリブか、なにが人生ぞ。人間性の回復なんて、そういう情念を介さずには視えてこない、とまで思うのですよ）。

自分にかまけてナゼ悪い！（これからは女の科学者、芸術家、エンジニアｅｔｃがドンドン出て欲しいのに、そして創造にはいつだって孤独な忍耐が付きものなのに、〝みんなで輪ッ〟みたいな運動ばかりを良しとしてるようじゃ見通し暗いよ。何年森の家にこもっていようと高群逸枝は高群逸枝。どこまでも女を信じる女が居るから五の力が十になるのだ）。

とまあそういうことなのですね。

今日は優生保護法改悪ソ止の集会行けないわ、だってどうしてもアイツに会いたいんだもん、というようなことがサラリと口にできるグループ。まぁガンバンなよ、あたしたちもガンバってデモするからサ、といえるような女たちの関係性。そういう大らかな、女の生きる自信に裏打ちされたウーマンリブでなきゃ男は変わらん、世の中変わらん。

「仲間の中でも真面目な人は〝リブ的であるかどうか〟〝女的かどうか〟なんてモノサシをもって、世の中のもろもろのこと、他人、自分、すべてを計ってみなければすまない。文学でも映画でも何でも〝女の目〟で点検してばかり、という傾向があって、ちょっとしんどいです」とこれはつい最近もらった手紙の一節だ。ホントにそうだよ。この手のマジメさは、ともすればバカと同意語。こういうことばっかりいってると、つまらない女ばかりが強固に居残ることになる。運動がすえてくる。

リブ的であるかどうかなんてどうでもいいのよ。自分にとってソレが何なのか、というあくまで問題を個に引きつけて視る。そして主観も徹すれば客観に通ずる道をさぐるのでなけりゃ、つまらない。要するに、女であろうと、男であろうと、リブ的であろうとなかろうと、くだらないものはくだらない、ダメはダメということなのだ。

女の文学とか、女の哲学とか、わざわざ〝女〟を上につけなくても充分通用するだけのものを、あたしたちはすでに持っている。〝時は熟した〟、もしくは〝熟しつつある時〟なのではあるまいか。より過激に、より大らかに、より色っぽく、女たちは地平線のかなた目指して駆けていく。

ウワァーオッ。

少々ヘンな後書きになりました。本作りを手伝ってくださった松田健二、吉清一江、松田博公、そして装釘・挿絵の貝原浩の皆さん、どうもありがとう。

さて、このあと『日本からメキシコから日本へ——淋しさがやさしさだと知るまでの物語』（BOC出版部）と題する本を出します。合わせて読んでいただければ幸いです。

一九八三年九月

田中　美津

リブ空に浮かんだ竹トンボ

米津知子

本人が自身について語って、「おわりに」も記しているその後に、他者の私が何を書けるだろう。『何処にいようと、りぶりあん』を開くと、田中美津さんに接するときの緊張がよみえる。田中さんがいま何を見て次にどんな言葉を発するのか、受けとめて返すことができるだろうかと身がまえてしまう。でもその向こうに目をこらして、懐かしい姿をさがそう。ここで書くのは田中さん自身の真実とは別かもしれない、私の記憶であることを、読む方にも田中さんにもおことわりしておきたい。

＊

田中さんは、感じた違和感をなかったことには決してしない人だ。自身が感じたことに他者が違うと言っても譲らない人だ。「見たものは見たのだ」という。田中さんは、他者にも自分にも深く踏み込む。愛情か攻撃か、どちらになっても深い。田中さん自身にそれが向かうとき、自分を壊してしまうのではないかと思うほどだ。

違和感というのはこの社会で受けた傷の表層だという場合があって、その奥には痛みがあったりする。そういうものは、無視する方が生きるには楽だ。違和感をわきに置いてその日を終わらせることができるのなら、それでもかまわないと思う。わきに置かずに、傷を負わせた社会に立ち向かおうとすると、自分を癒すためであるのに、傷がより深手となる場合もある。田中さんを知るほどに、そういうときの強さに驚かされた。

*

ここからは、田中さんに出会った私の話になる。二十歳をすぎたころ、内在する違和感を無視できなくなってしまった。それでも、奥を覗くのは怖い。怖いけれど覗こうとしたのは、それが一九六九年だったおかげだと思う。その年の一月に、遅ればせながらの学生運動が私の通う多摩美術大学で始まった。社会に対する不信と怒り、自分の決意みたいなものを、目が覚めたように語る学生たちの中で、私も自分の閉じてきた気持ちに向き合うことができるような気がした。私の奥にあるのは、ポリオによる歩行障害があることと女であることが、結びあわされた塊りだ。自分はみっともないという否定だ。ほどきたくても難しい。しかし二つのうち女であることの問題は、共有できる人たちを見つけた。私が参加した学生の集団では、運動のリーダーシップをとるのが男子学生で、女性の現実とはかけ離れている。それが何かおかしいと感じた女子学生数人が、一九七〇年四月にグループを作った。「思想集団エス・イー・エックス」という。私たちのような女が、この時期には各地に居たのだと思う。しかし私たちは他の女たちの動きを知らず、田中さんが一九七〇年六月に書いた「便所からの解放」を手にしたのも、冬に近いころだ。七〇年一〇月二一日国際反戦デーに女だけのデモ隊が駆けたことを後から知って、呼びかけた女たちが共同生活する場を訪ねた。それが田中さんとの初対面だった。エス・イー・エックスのメンバー森節子さんと二人で、嬉しくて喋りまくり、後で田中さんから「あの時、あんたたちが何を言いたいのかまるで分からなかった」と言われた。それは私たちも同じで、田中さんの話を理解したとはいえず、「便所からの解放」もとても難解だった。だが、自分の憤りが、個人の問題ではなく社会との関係において起きていること、そこには性が介在していると田中さんも言っていて、私たちが感じたことに近い。やはりそうだったと確信がもてた。

それから、一九七一年八月に長野県飯田市で第一回リブ合宿、一九七二年五月に第一回リブ大会、九月三〇日にリブ新宿センター（リブセン）の開所。そして一九七七年の閉所までを、エス・イー・エックスも共にすることになった。

＊

リブセンは渋谷区代々木のマンションの一室で、複数のグループが運営にあたった。数人がそこに住み込んで、生活しながらの運営だ。もともと別な場所で二人の共同生活をしていた森さんと私も、そこを引き払って住み込みのメンバーになった。田中さんは自分の部屋を近くに借りていたが、とても多くの時間をリブセンで一緒に過ごした。その日々はお祭りのようで、田中さんのアイディアはその場をとても面白くした。しかし思い出すときには切なさがともなう。

共同生活は、集まってきた女たちが活動しながら、同時にそれぞれが抱える違和感の奥をのぞき込む場だ。一人ではなく誰かと共有できるから、閉じてきた怖いことと対面できる。私にとってはそんな場だった。私のもう一つの問題、障害に向き合うきっかけは、直接には優生保護法の改悪反対運動だ。しかしそれより前、リブセンの暮らしからそれは始まっていたと思う。私が育った家庭では、誰も口に出さなかった右足の障害について、リブセンでは語られるのだ。一緒に暮らせば、朝晩の寝起きやお風呂のたびに、私が着けたり外したりする長下肢装具は誰の目にも映る。だから言及がないとしたら、いわゆる女らしい容姿からのあまりの外れように気兼ねするからだろう。そうではないことが、とても新鮮だった。なかでも田中さんの存在は大きい。右足が細くて短いことを話題にする。世間ではそこに嫌な視線が飛んでくるから、私は身を守ろうといつも表情が硬い。そのことにも田中さんは遠慮がない。能面みたいにしていなくていいんだよ、ヨネヅは思うことを言ったらいいんだよと言う。私の奥の自己否定の塊り、実は開きたい気持ちを、分かっているみたいに踏み込んでくる。これは今ならいじめと言われるかもしれない、危険な行いだろう。でも私は嬉しかった。そうだよ、こういうことを待っていたんだと思った。愛の対局は無関心だというから、関心を寄せられて嬉しいのは、不思議でも何でもない。田中さんはたぶん、自分のだけではなく他者にまつわる違和感も放っておけないのだ。その向こうに、女らしさの呪縛とか抑圧とかを感じてしまうのかもしれない。女と女の関係性において、互いを解放しようという想いの中で、踏み込まれる嬉しさが私には確かにあった。

＊

リブセンの始まりの時期には、希望があった。皆がそうだっただろう。生活と活動を一緒にしながら、自分たちが変われると感じられた。リブセンが暮らしを優先できる場だったら、そうなっていたかもしれない。が、活動の場である。たくさんの来客、課題が押し寄せて解決を迫る。「リブニュースこの道ひとすじ」やたくさんのビラ、パンフレットを発行して、集会やデモを企画する多忙な毎日だった。時間をかけたら育ったかもしれない力が、未熟なままでそれらに対応する。経験が浅く自分のことで手いっぱいの二〇代前半の女が、つま先立ちして自分を大きく見せなくてはならなかった。たぶん見ていられなくて、一番年上の田中さんが前に出る。というか、他のメンバーがついそのように譲ってしまう。リーダーを作らず対等でありたいのに、外から見たら、田中さん一人が目立つ状況になっていただろう。田中さんも他の誰も、それを望んではいなかったと思う。よくはないが、そうなってしまって苦しい。これが、私のリブセンの思い出にくっついている。

＊

一九七〇年代の運動は、世の中と対決するときその攻撃が自分自身にも向かう。抑圧の価値観の中で生きてきたのだから自身にもそれは蓄積している。それも壊さなければ世の中は変わらない。女と女の関係性において互いを解放しようとする場面でも、自分自身に対してもそれは発揮された。違和感をなかったことにしない田中さんは、それが強い。近くに居たリブセンのメンバーにも容赦がない。私にとって愛情である踏み込んでくれる力は、両刃の剣で、受け取る人によって逆のものにもなる。

田中さんの力は、自分自身にも同じくらい攻撃的に向かっていたように思う。リブセンが目指すところから外れていくように私には思えたころ、この人の中には傷と痛みがあり、その強さはこの人自身を壊してしまうのではないかと感じられるほどだった。

＊

ある夜の会議で、議論が堂々めぐりしたあげく皆の発言が途絶え、田中さんだけが話し続けたことがあった。珍しいことではなく、だから皆が情けなくて疲れていた。そのあと、「よしゃあよかったとクマは思いました…」と、田中さんが寂しそうに呟いて席を立った。女の運動に期待しなければよかった…と聞こえて胸が痛んだ。それがいつだったかは覚えていない。一九七二年秋にリブセンが開所した、その翌年より後のことではないかと思う。一九七二年四月に出た田中さんの本は『いのちの女たちへ』だ。それを重ねると、「よしゃあよかった」は苛立ちや怒りよりもいっそう切ない。

＊

一九七七年五月にリブセンを閉じて以降、振り返ることが苦しい時期が私には長くあった。私以外のメンバーにもそれはあるように思う。『何処にいようと、りぶりあん』を私が手に取ることができたのも、ずいぶん経ってからだ。「はじめに」に、田中さんは「リブ空に浮かんだ一本の竹トンボ、落ちたら、また、飛ばそ。」と書いていた。胸をつかれた。「よしゃあよかった」のあとも、田中さんはリブセンを去らなかったし、一九七五年にメキシコに渡ったけれど、去ったのとは違う。田中さんは、竹トンボを、いったい何度飛ばしたんだろう。

＊

「リブ新宿センター保存資料」という資料群がある。リブセン閉所の後、残っていた印刷物などを、元メンバーでまとめたものだ。リブセンの運営グループや個人が発行したニュース、パンフレット、ビラ。さらに旗やポスター、活動記録のノート、寄せられたビラや手紙も含まれる。一九八三年から整理を始めて、執筆者の了解が得られたものを九四年に公開。二〇〇八年には『リブ新宿センター資料集成』としてインパクト出版会から刊行した。二〇二四年六月に、資料全体を国立女性教育会館（NWEC）に寄贈した。

思い出すのが辛い時期にも資料を維持したのは、いつかしっかり振り返りたい、自分には無理でも次の世代に見てもらいたいと思ったからだ。NWECへの寄贈にあたり、リブセンに寄せられた手紙を読み返す機会があった。段ボール箱にいっぱいのハガキや封書。目を通すことができたのはごく一部だが、送り主は一〇代から中高年までと幅広い。リブが発したメッセージへの共感、熱のこもった想いが五〇年を経ても伝わってくる。リブセンで私たちが苦闘していた時、周りにはこんなにも心動かす人たちが居たのかと、力づけてくれる。リブセンは、そこに集まった女たちが、人生を変えてしまうかもしれないほど一所懸命に生きた場だ。うまくいったこともそうでないことも、今ならもっと振り返ることができるような気がしている。リブセンと田中さんを、私は切り離して考えることができない。リブセンの数年とその後の長い年月を、今もまだ考えてしまう。たぶん、まとめて大切で好きなのだ。

田中美津を、よく生き抜いた田中さんへ。

二〇二四年一一月

米津知子（よねづともこ）
1948年生まれ
1970年に女のグループ「思想集団エス・イー・エックス」結成に参加、
1972年～1977年リブ新宿センターに参加
所属団体＝ SOSHIREN 女（わたし）のからだから
DPI 女性障害者ネットワーク
優生手術に対する謝罪を求める会

田中美津（たなかみつ）
1943年東京に生まれる。
1972年　リブ新宿センター
1975年　メキシコへ
　帰国後、鍼灸を学び、鍼灸院れらはるせを主宰
2024年8月7日死去、享年81歳

著書

『いのちの女たちへ―とり乱しウーマン・リブ論』田畑書店、1972年、河出文庫、1992年、新装版・パンドラ、2001年、新版・パンドラ、2016年
『何処にいようと、りぶりあん―田中美津表現集』社会評論社、1983年
『美津と千鶴子のこんとんとんからり』上野千鶴子氏との対談、木犀社、1987年
『自分で治す冷え症』マガジンハウス、1995年
『いのちのイメージトレーニング』筑摩書房、1996年、新潮文庫、2004年
『ぼーっとしようよ養生法』毎日新聞社、1997年、三笠書房、2003年
『新・自分で治す冷え症』マガジンハウス、2004年
『かけがえのない、大したことのない私』インパクト出版会、2005年
『この星は、私の星じゃない』岩波書店、2019年
『明日は生きてないかもしれない……という自由』インパクト出版会、2019年

何処にいようと、りぶりあん
田中美津表現集
2025年 1月20日　第1刷発行
著　者　田　中　美　津

発行人　川　満　昭　広
装幀者　宗　利　淳　一
発　行　インパクト出版会
〒113-0033　東京都文京区本郷2-5-11　服部ビル2F
Tel 03-3818-7576　Fax 03-3818-8676　郵便振替 00110-9-83148
E-mail：impact@jca.apc.org

編集担当＝深田卓

モリモト印刷

明日は生きてないかもしれない……という自由。

田中美津

田中美津は「人を自由にする力」を放射している」――竹信三恵子

1970年代、ウーマンリブ運動を牽引した田中美津の最新表現集。

定価 1800 円＋税　ISBN978-4-7554-0293-7　2019 年刊

かけがえなのない、大したことのない私

田中美津

名著『いのちの女たちへ』を超える田中美津の肉声ここに。「ミューズカル〈おんなの解放〉」収載。

定価 1800 円＋税　ISBN978-4-7554-0158-5　2005 年刊

全共闘からリブへ　銃後史ノート戦後篇⑧

元リブ新宿センターメンバー座談会、「女エロス」創刊メンバー座談会などあの時代を切り拓いた女性たちが総登場。

定価 3000 円＋税　ISBN978-4-7554-0057-5

リブという〈革命〉　近代の闇をひらく

文学史を読みかえる⑦加納実紀代編

「フェミニズムと暴力 –〈田中美津、〉と〈永田洋子〉のあいだ」上野千鶴子・加納実紀代を巻頭に水田宗子、江刺昭子、阿木津英、河野信子。

定価 2800 円＋税　ISBN978-4-7554-0133-6

リブ私史ノート　女たちの時代から

秋山洋子

「肉声のウーマンリブ史が遂に出た、ってかんじです」田中美津。ウルフの会の一員としてあの時代を駆け抜けた１女性の同時代史。

定価 1942 円＋税　ISBN978-4-7554-0030-9

〈侵略＝差別〉の彼方へ

飯島愛子　解説＝加納実紀代

日本における第２次フェミニズムをひらいた「侵略＝差別と闘うアジア婦人会議」の理論的支柱であった飯島愛子。その半生記と主要論文。

定価 2300 円＋税　ISBN978-4-7554-0164-0